Manual

Políticas Públicas de

Inteligencia Artificial

en Latinoamérica y el Caribe

por Mauro D. Ríos

Mayo 2026

ISBN: 978-9915-44-114-6
9 789915 441146

1. Introducción

Numerosas guías y marcos de referencia para proyectos e implementación de IA han sido desarrollados por instituciones de reconocido prestigio, el ámbito académico y diversos gobiernos. El presente documento no busca constituirse como una contribución adicional en esa misma línea, sino diferenciarse por su enfoque predominantemente práctico, orientado a la exposición directa y sincera de conceptos y criterios, desprovistos de condicionamientos políticos o económicos. En este sentido, se propone como un insumo transparente y sin ambigüedades, concebido como una herramienta clara, de lectura accesible y con una orientación plenamente aplicable en contextos reales.

En la administración pública de Latinoamérica y el Caribe, la IA se ha convertido en un tema de estrategia en gestión, de decisión política y de disputa institucional. Su adopción se espera que pueda mejorar la eficiencia, ampliar la capacidad de respuesta del Estado y abrir nuevas formas de interacción con la ciudadanía.

Las evidencias muestran que la IA puede profundizar asimetrías, desvirtuar decisiones públicas, reforzar sesgos existentes, debilitar garantías de privacidad y producir nuevas dependencias tecnológicas.

Por eso, una política pública de IA no puede limitarse a declarar principios generales; necesita una arquitectura institucional, un marco normativo, las capacidades técnicas apropiadas, dotarla de recursos presupuestales, mecanismos de control y una cultura de implementación que traduzca la estrategia en resultados.

Esta es una de las advertencias más claras que podemos realizar sobre Latinoamérica y el Caribe, ya que abundan las estrategias, pero muchas veces escasean la ejecución, el financiamiento sostenido y la coordinación interinstitucional adecuada. En definitiva, en papel muchas ideas suelen ser buenas o bien intencionadas, pero al momento de implementarlas, se evidencian carencias. Lamentablemente estas carencias muchas veces no permanecían ocultas sino a la vista, precisamente, de quienes han construido las estrategias que no podrán concretarse.

Contar con muchos documentos suelen redituar en rankings internacionales, pero no aportan finalmente al desarrollo de los países que quedan prisioneros de simplemente buenas intenciones.

Partamos de una base simple, la IA debe ponerse al servicio del interés público, no al revés. En un contexto regional marcado por brechas de conectividad, desigualdades sociales persistentes, capacidades estatales heterogéneas y ecosistemas digitales aún desiguales, la pregunta no es si conviene o no incorporar IA a la gestión pública, sino cómo hacerlo con pertinencia, prudencia y sentido de Estado.

La región ya cuenta con puntos teóricos de apoyo relevantes. Sólo por mencionar algunos: La Carta

Iberoamericana de Inteligencia Artificial en la Administración Pública, aprobada por el CLAD en 2023, ofrece una base conceptual y normativa para una adopción responsable, centrada en derechos, transparencia, supervisión humana y fortalecimiento institucional (CLAD, 2023). La UNESCO, por su parte, propuso en 2021 una recomendación ética global que insiste en la dignidad humana, la no discriminación, la justicia social y la evaluación de impactos como condiciones para cualquier despliegue legítimo de estas tecnologías (UNESCO, 2021). La OCDE actualizó en 2024 sus principios para atender el auge de la IA generativa, subrayando la necesidad de responder a riesgos vinculados con privacidad, seguridad, integridad de la información y derechos de autor (OCDE, 2024). A ello se suman la guía del G7 sobre IA en el sector público, el marco de gestión de riesgos del NIST y el informe del panel de alto nivel de Naciones Unidas sobre gobernanza global de la IA (OECD/UNESCO, 2024; NIST, 2024; Naciones Unidas, 2024).

Si pensamos este manual desde una mirada sur, la experiencia de Uruguay resulta especialmente útil. El país no solo figura entre los países pioneros de la región en el ILIA 2025, sino que además aprobó en 2024 una nueva versión de la Estrategia Nacional de Inteligencia Artificial 2024-2030 y una Estrategia Nacional de Datos 2030, ambas impulsadas por Agencia de Gobierno Electrónico y Sociedad de la Información y del Conocimiento (AGESIC), con participación de múltiples actores públicos, privados, académicos y de la sociedad civil (CEPAL, 2025; AGESIC, 2024a; AGESIC, 2024b).

Una política de IA bien diseñada no nace en el vacío ni se reduce a un documento de buenas intenciones, sino que se construye con gobernanza, diálogo y continuidad. En ese sentido, este manual busca servir como una guía absolutamente pragmática, pensada para parlamentos, ministerios, agencias, intendencias, empresas públicas, universidades, legisladores y equipos técnicos que quieran avanzar de manera ordenada.

La idea no es importar modelos ajenos sin traducción institucional, sino articular aprendizajes globales con realidades locales, como corresponde a una tradición latinoamericana de administración pública que conoce bien el valor de adaptar, contextualizar y humanizar toda reforma en el Estado (Filgueiras, 2021; Criado, 2024).

2. Política pública de IA y estrategia

Al igual que con las tendencias de los 90's sobre tecnificar las administraciones públicas, hoy hemos comprendido claramente que una política pública de IA no es solamente una política tecnológica. Es una política de Estado en el sentido más amplio que abarca, simultáneamente, la organización administrativa (organigrama), la prestación de servicios al ciudadano, la producción de conocimiento, la distribución de poder, la protección de derechos y la legitimidad misma de la democracia.

Cuando un gobierno decide incorporar Inteligencia IA, digamos, en trámites, atención ciudadana, auditoría, salud, educación, compras públicas o seguridad, está modificando la forma en que el Estado ve, clasifica, prioriza y decide respecto a la gobernabilidad de un país. Por eso, la primera decisión correcta no es "comprar" una solución, sino definir el problema público, la finalidad institucional y los límites que no deben cruzarse.

La literatura regional insiste en que la IA puede aumentar la productividad, eficiencia y capacidad de respuesta, pero también recuerda que el sector público no es una empresa privada ni debe gobernarse como si lo fuera.

En la administración pública, los criterios de éxito no se pueden centrar en ganancias (que no es lo mismo que eficiencia financiera) o el simple ahorro de tiempo, ni siquiera al aumento de la automatización. Importan tanto o más la equidad, el trato digno, la motivación de las decisiones, la posibilidad de reclamo, la trazabilidad y el respeto de los derechos fundamentales.

La IA puede actuar como un catalizador de innovación, pero al mismo tiempo posee un doble filo entre oportunidades y desafíos, así como sobre los riesgos de vigilancia, sesgo y exclusión (Campos Ríos, 2025).

De forma convergente, el modelo propuesto por el Banco Interamericano de Desarrollo (BID) destaca que los países de la región suelen tener visiones estratégicas relativamente ambiciosas, pero tropiezan al pasar a la ejecución; muchas estrategias carecen de presupuesto, de responsables claros y de planes de implementación detallados (Martorell y Porrúa, 2026).

Por eso, una política pública de IA debe partir de una pregunta incómoda pero necesaria: ¿qué problema del Estado queremos resolver y con qué capacidad real contamos para sostener la solución?

Una buena política de IA también debe reconocer que la región no parte de cero, pero tampoco posee una base igual en cada país. El ILIA 2025 clasifica a los países en pioneros, adoptantes y exploradores, según su grado de madurez en habilitadores, adoptantes y de gobernanza (CEPAL, 2025). Esto importa porque evita el error de suponer que todas las administraciones pueden recorrer el mismo camino al mismo ritmo y del mismo modo.

Uruguay, Chile y Brasil tienen hoy condiciones relativamente más robustas para escalar sistemas complejos; otros países, en cambio, necesitan primero consolidar conectividad (Índice IBITIC/AL 2025 es de 74,63%), calidad de datos, alfabetización digital y coordinación institucional. En cualquier caso, la política pública adecuada no consiste en empujar una solución estándar, sino en construir una arquitectura propia, gradual, que permita adecuarse a la capacidad del Estado, a la calidad de su infraestructura y a la confianza que logre construir con la ciudadanía.

Esa gradualidad no debe confundirse con lentitud; debe entenderse como una forma de prudencia estratégica. Muchos países latinoamericanos no cuentan con salvavidas financieros y de otros recursos cuando grandes proyectos o inversiones salen mal, la prudencia es la mejor consejera y dar pasos, a veces, lentos pero firmes, reduce los riesgos.

3. Legitimidad, derechos y valor público

Toda política pública de IA debe construirse alrededor de un núcleo de principios que no sean meras declaraciones simbólicas.

Centralidad en la persona

El primero es la centralidad en la persona humana. La UNESCO y la OCDE coinciden en que la IA debe respetar la dignidad, los derechos humanos, la no discriminación, la transparencia y la supervisión humana significativa (UNESCO, 2021; OCDE, 2024).

En el sector público, esto se traduce en que ninguna decisión de alto impacto puede quedar completamente opacada o supeditada por una automatización sin trazabilidad, sin posibilidad de revisión o auditoría y sin una vía clara para impugnarla.

Finalidad objetiva pública

Un segundo principio es el de finalidad objetiva pública. La IA debe buscar mejorar el valor público, pero no para producir fascinación tecnológica. Esto significa que cada caso de uso debe responder a una necesidad concreta y verificable.

Podrá buscar reducir demoras, aumentar cobertura, mejorar asignación de recursos, facilitar acceso o fortalecer control, pero no puede quedar en el barro de las ambigüedades.

Proporcionalidad

El tercer principio es sin dudas la proporcionalidad. No todos los problemas requieren IA, ni toda IA debe desplegarse con el mismo nivel de complejidad.

Hay situaciones que se resuelven de manera más eficiente con mejoras de proceso, interoperabilidad o datos abiertos antes que con algoritmos sofisticados.

Transparencia adaptativa

Un cuarto principio es la transparencia, siempre adaptada al contexto. No basta con publicar que se utiliza un sistema algorítmico; es necesario explicar para qué se usa, con qué datos, bajo qué reglas, quién supervisa, cuáles son sus límites y cuál es el procedimiento de revisión o reclamación.

Es preciso evitar extremos como los conspirativos de la opacidad tecnocrática, que trata a la IA siempre como una caja negra incuestionable e imposible de descifrar, y el de la transparencia ingenua, que supone que toda solución de IA puede explicarse íntegramente haciendo una suerte de ingeniería inversa de las responsabilidades.

La práctica responsable exige niveles de información distintos para ciudadanía, órganos de control, equipos técnicos y autoridades políticas. La OCDE, al actualizar sus principios en 2024, puso énfasis precisamente en desafíos ligados a integridad informativa, seguridad, privacidad y propiedad intelectual, lo que en el ámbito público obliga a pensar la transparencia junto con la seguridad y la protección de datos, no como si fueran valores aislados o incompatibles (OCDE, 2024).

De modo similar, el G7 Toolkit para el sector público propone equilibrar gobernanza, datos, talento y gestión del riesgo para obtener beneficios concretos sin erosionar la confianza institucional (OECD/UNESCO, 2024).

Responsabilidades

El quinto principio es el de responsabilidad. Cada sistema de IA debe tener un responsable político, un responsable técnico y un responsable funcional, todos claramente identificados.

En la administración pública, la frase "lo decidió el algoritmo" no puede servir de refugio. Siempre debe existir una cadena de responsabilidad humana que permita explicar, corregir y, en último caso, suspender el uso del sistema.

Inclusión y reducción de brechas

El sexto principio es el de inclusión. La IA pública debe reducir brechas, no ampliarlas. Esto implica prestar atención a las personas mayores, a poblaciones rurales, a comunidades con menor alfabetización digital, a personas con discapacidad, colectivos minoritarios y a quienes suelen quedar fuera del diseño de servicios digitales.

Aprendizaje institucional

El séptimo principio es el de aprendizaje institucional. La IA cambia rápido, y una política pública que no prevea revisión periódica se vuelve obsoleta en poco tiempo.

Por eso, además de principios, se necesitan mecanismos de evaluación, auditoría, actualización normativa y ajuste continuo. El propio informe de Naciones Unidas sobre gobernanza de la IA propone una arquitectura más inclusiva, distribuida y cooperativa, precisamente porque la fragmentación regulatoria y la falta de coordinación internacional generan vacíos que terminan trasladándose al plano nacional (Naciones Unidas, 2024).

Para asegurar una gobernanza democrática de la IA, es imperativo establecer mecanismos de supervisión independientes y proactivos que garanticen la rendición de cuentas. (Innerarity, D., 2024)

En Latinoamérica y el Caribe, ese aprendizaje institucional debe incluir también cooperación Sur-Sur, intercambio de casos y repositorios comunes de buenas prácticas.

4. Gobernanza institucional

La gobernanza es el corazón de una política pública de IA. Sin una arquitectura institucional clara que refleje un organigrama sencillo pero poderoso, la IA se dispersa, se fragmenta o queda capturada por impulsos sectoriales, de algunas dependencias motivadas con intereses poco claros o proyectos muy entusiastas, pero sin continuidad (sin sostenibilidad).

El modelo de referencia del BID es muy claro al señalar tres pilares habilitadores: gobernanza, infraestructura, datos, y talento (Martorell y Porrúa, 2026).

Traducido a la práctica, esto significa que el primer paso no es tecnológicamente complejo, sino políticamente sensible. Hay que definir quién lidera, quién coordina, quién financia y quién supervisa.

En muchos países, la mejor opción es una instancia con mandato transversal, ubicada en la Presidencia de la República, la Vicepresidencia, un ministerio con autoridad de coordinación digital, e incluso otras formas institucionales como las Agencias, porque la IA afecta a toda la administración y no puede gestionarse como un proyecto aislado de tecnología.

Uruguay, por ejemplo, avanzó en esta dirección con el Comité Estratégico del Sector Público para la Inteligencia Artificial y Datos, creado en el marco del artículo 74 de la Ley N.º 20.212, que otorga a la Agencia de Gobierno Electrónico y Sociedad de la Información y del Conocimiento (AGESIC) competencias para diseñar e implementar la Estrategia Nacional de Datos y revisar la Estrategia de IA (AGESIC, 2025).

Esa decisión institucional es importante porque muestra que la política de IA requiere un lugar formal en el organigrama del Estado. Pero no cualquier lugar, sino uno con capacidad de mando, de obligatoriedad ante sus resoluciones.

Es así como concluimos que la gobernanza tampoco puede descansar únicamente en un comité, una comisión o un grupo de coordinación. Necesita una cadena operativa con funciones bien definidas. En la cúspide, es recomendable contar con un órgano político que marque prioridades y resuelva conflictos entre el resto de las instituciones públicas participantes.

En el nivel técnico, hace falta una unidad de arquitectura de datos, otra de ciberseguridad y otra de evaluación de impactos.

En el nivel sectorial, cada organismo debe nombrar referentes de datos y de IA que actúen como enlace (como contrapartes válidas) entre la conducción central y la implementación cotidiana.

El BID recomienda explícitamente la figura del Chief Data Officer (CDO) o Responsable Gubernamental de Datos, porque sin una gobernanza de datos sólida los proyectos de IA carecen de insumos confiables y de reglas para el intercambio interinstitucional (Martorell y Porrúa, 2026).

Para el caso como Uruguay, un referente, donde la interoperabilidad y la digitalización avanzaron de manera notoria en comparación al resto de la región, esta idea superó lo que podría verse en otros contextos como una moda importada, sino que resultó en una evolución natural de capacidades ya existentes.

En países con menor madurez, la misma lógica sirve para impedir que cada organismo construya su propio pequeño universo algorítmico sin coordinación, duplicando esfuerzos y multiplicando riesgos. Todo en pro de cierto protagonismo institucional o incluso personal.

La gobernanza debe también, definir un circuito o flujo de decisiones para cada proyecto de IA. Antes de autorizar un piloto, y como ya hemos ilustrado de manera general, la Administración debería exigir una ficha de uso que responda a preguntas básicas pero necesarias: qué población involucra, qué datos utilizará y cómo, qué nivel de riesgo presenta, qué supervisión humana incorpora, qué impacto podría tener sobre derechos, qué presupuesto compromete y de qué fuentes y qué indicadores demostrarán su utilidad y su efectividad.

Esa ficha no pretende ser una traba burocrática sino una herramienta de racionalidad, de rendición de cuentas hacia la autoridad y hacia la ciudadanía.

En otro orden de cosas, la Carta Iberoamericana del CLAD insiste en que la IA en la administración pública debe contribuir al fortalecimiento institucional, la transparencia y el desarrollo con equidad, lo que implica precisamente crear procedimientos de toma de decisión que permitan controlar tanto el entusiasmo como el oportunismo tecnológico (CLAD, 2023). Agregaríamos, también el momento y conveniencia de la inversión y compromiso del presupuesto.

La gobernanza responsable, por tanto, no inhibe la innovación, la ordena, racionaliza y por supuesto, la promueve.

En la práctica, los gobiernos que mejor implementan proyectos de IA no son los que más rápido "compran software y servicios de IA", sino los que mejor organizan sus decisiones, clarifican responsabilidades y preservan la continuidad política de estos proyectos más allá de un período de gobierno.

5. Marco jurídico, ética y derechos

La implementación de políticas de IA en el sector público requiere, de manera imperativa, un marco jurídico sólido que encauce su desarrollo dentro de los principios éticos y democráticos fundamentales.

La regulación no debe interpretarse como un obstáculo a la innovación, sino como el mecanismo institucional que garantiza la legitimidad, previsibilidad y compatibilidad de estas tecnologías con el Estado de derecho y el contexto nacional (Ríos, 2026)

En el ámbito del derecho comparado, el referente más influyente es el Reglamento de Inteligencia Artificial de la Unión Europea (AI Act), el cual establece obligaciones proporcionales según niveles de riesgo (Consejo de la Unión Europea, 2024)

No obstante, la experiencia global sugiere que este modelo de normativa única y transversal presenta limitaciones operativas, impulsando una transición hacia regulaciones sectoriales o por "verticales" con una mayor precisión técnica y adaptabilidad (Ríos, 2026)

Para Latinoamérica y el Caribe, resulta estratégico adoptar esta lógica de clasificación de riesgos para graduar las obligaciones, concentrando la supervisión en áreas críticas como la justicia, la salud, la seguridad pública y la educación (Campos Ríos, 2025)

La ética aplicada en la IA debe institucionalizarse mediante procedimientos operativos y auditorías algorítmicas, trascendiendo las meras declaraciones honoríficas de foros internacionales (UNESCO, 2021)

En este sentido, la Carta Iberoamericana de Inteligencia Artificial en la Administración Pública subraya que la tecnología debe fortalecer las capacidades del Estado sin sustituir el juicio humano por procesos automatizados de forma absoluta (CLAD, 2023), esto claramente enmarcado en un contexto de ética pública.

La implementación de la ética aplicada debe trascender las declaraciones y traducirse en criterios operativos. Esto incluye el uso de técnicas de data mining para fortalecer los sistemas de integridad pública, dentro de un marco jurídico adaptable que incluya mecanismos de soft law para acompañar la rápida evolución tecnológica. (Campos Acuña, M. C., 2022)

Un ecosistema institucional de IA ético debe integrar evaluaciones de impacto algorítmico, trazabilidad en la toma de decisiones, identificación de sesgos y mecanismos de apelación para la ciudadanía.

En regiones caracterizadas por brechas estructurales, la ética algorítmica adquiere una dimensión de justicia social.

Es fundamental evitar que las decisiones automatizadas perpetúen injusticias previas contenidas en los datos de entrenamiento, situando la equidad y la protección de derechos humanos en el centro del diseño tecnológico.

Finalmente, el principio de neutralidad tecnológica es fundamental para garantizar la autonomía soberana del Estado y los derechos individuales, definiéndose como la libertad de los individuos y las organizaciones para elegir la tecnología más adecuada a sus necesidades y requisitos para el desarrollo, la adquisición, el uso o la comercialización, sin dependencias de conocimiento involucrados como información o datos (Ríos, 2013)

Si volvemos al contexto uruguayo, la articulación estratégica entre la política de IA, la gestión de datos y la labor de la Unidad Reguladora y de Control de Datos Personales (URCDP) constituye un modelo de referencia para equilibrar la innovación tecnológica con la protección de la intimidad ciudadana (AGESIC, 2024).

6. Nueva tendencia en la regulación de IA

Marco de referencia actual

Para implementar iniciativas, estrategias o políticas de IA, es necesario comprender hacia donde el mundo camina sobre los marcos regulatorios, legislativamente recae la responsabilidad de prospectar sobre una tecnología que parece escaparse.

La gobernanza de la IA, luego de los años frenéticos e impulsivos, ha entrado en una fase de madurez necesaria y en el contexto actual, tal vez hasta crítica. Se caracteriza por el abandono progresivo de marcos regulatorios generalistas que marcaron tendencia y hasta despertaron una defensa a ultranza, hacia la adopción de estrategias más prudentes, profundamente segmentadas y adaptativas.

Este fenómeno, se ha observado desde principios de 2024 y continúa hoy, conviviendo con los modelos legados. Responde a la insuficiencia y limitaciones de las leyes horizontales (transversales), que pretendieron capturar la complejidad del aquello normado, de la capacidad o no de aplicabilidad y fiscalización, y una imposibilidad real de dotar a estas normas con la flexibilidad necesaria en el mundo dinámico de desarrollo de la IA.

La amplitud de las normas generalistas despliega sus efectos sobre dominios tan dispares como la salud, las finanzas, la justicia y la defensa nacional (Cloud Security Alliance, 2025). El paradigma inicial, que buscaba una

"Ley de IA" única y totalizadora, está siendo sustituido por un modelo de arquitectura jurídica multicapa.

En este nuevo enfoque, la prioridad no es necesariamente la creación de nuevas leyes, sino la recalibración de los marcos legales existentes, los derechos humanos, la privacidad, la responsabilidad civil, propiedad intelectual y protección al ciudadano, para integrar las particularidades de los sistemas algorítmicos. (FIRE, 2026)

El agotamiento del enfoque horizontal

La Ley de Inteligencia Artificial de la Unión Europea (EU AI Act) se erigió originalmente como el modelo de referencia para una regulación horizontal basada en el riesgo, podríamos agregar que resultó un compendio de miedos, sin considerar que rápidamente ese conjunto de miedos, incluso, cambiaría.

La puesta en práctica ha evidenciado discrepancias estructurales entre el objetivo de lograr uniformidad y la persistente fragmentación sectorial existente. Esta tensión no es nueva ni exclusiva del ámbito europeo. La aspiración de contar con un único cuerpo normativo que abarque la totalidad de aplicaciones de la IA, desde diagnóstico médico hasta decisiones crediticias o sistemas de recomendación de contenidos, subestimó históricamente la profundidad de las diferencias epistémicas, operativas y de riesgo entre sectores. (OCDE, 2024)

La aparición de la IA generativa y los modelos de propósito general (GPAI) ha obligado a los legisladores europeos a introducir nuevas capas de complejidad adicionales que no estaban contempladas en el diseño original de la norma, esto puso de manifiesto lo que algunos denominan el "problema del ritmo" (pacing problem), donde la velocidad y dinámica de la innovación tecnológica supera la capacidad de respuesta de leyes que resultan estáticas, cuando no estancas y rápidamente entran en la categoría de perimidas. (PMC/NCBI, 2026)

Este fenómeno se vuelve especialmente visible en el caso de los modelos fundacionales. Cuando el EU AI Act fue concebida, los sistemas de IA predominantes eran de propósito estrecho, por ejemplo, un clasificador de imágenes médicas, un sistema de detección de fraude bancario, un modelo de predicción de mantenimiento industrial. La irrupción masiva de sistemas como GPT-4, Gemini, Claude o Llama introdujo una categoría radicalmente diferente, donde un único modelo puede desempeñar miles de funciones distintas, desafiando cualquier taxonomía de riesgo fija. La clasificación binaria entre sistemas de "alto riesgo" y el resto perdió gran parte de su utilidad analítica. (Bommasani et al., 2022; Wachter et al., 2024)

A medida que las regulaciones avanzan, la tendencia se inclina más hacia la especificidad, la simplificación y la flexibilidad. Paralelamente, se ha intensificado el debate académico y político sobre si el modelo de regulación basado en el riesgo es, en sí mismo, el paradigma correcto o si debe ser reemplazado, o complementado, por enfoques basados en derechos, en resultados o en responsabilidad ex post.

Desde la academia del derecho comparado se señala que los sistemas normativos más resilientes ante el cambio tecnológico tienden a ser aquellos que establecen principios y mecanismos de supervisión adaptativos, en lugar de listas exhaustivas de requisitos técnicos que quedan desactualizadas con cada nueva versión de un modelo. (Doshi-Velez & Kortz, 2017; Calo, 2017)

Un hito fundamental en esta dirección fue la propuesta de la Comisión Europea del 19 de noviembre de 2025 para el llamado "ómnibus digital". Este paquete legislativo busco enmendar leyes clave como la propia Ley de IA y el RGPD para reducir las cargas de cumplimiento, especialmente para las pequeñas y medianas empresas (PYME), y para diferir la aplicación de reglas sobre sistemas de alto riesgo. (Morgan Lewis, 2025)

La propuesta del "ómnibus digital" no surgió en el vacío. Fue precedida por una presión creciente del sector productivo europeo, que advertía sobre la pérdida de competitividad frente a ecosistemas con menor carga regulatoria, particularmente Estados Unidos y China. El informe Draghi sobre el futuro de la competitividad europea, publicado en septiembre de 2024, ya había identificado la sobrerregulación tecnológica como uno de los frenos estructurales al crecimiento. Ante este diagnóstico, la revisión del EU AI Act dejó de ser una posibilidad teórica y se convirtió en una urgencia política. (Comisión Europea, 2024; Draghi, 2024)

Este movimiento en el tablero lo ha cambiado todo, ya que el modelo europeo era el faro a seguir. Países que elaboraron sus estrategias de IA y marcos normativos siguiendo las sugerencias europeas, han visto cómo sus documentos son hoy motivo de revisión, cuando no, son letra muerta o descartable. A comenzar de nuevo.

El impacto es especialmente pronunciado en Latinoamérica, donde varios países, Brasil, Colombia, Chile y Argentina entre ellos, habían adoptado el esquema de clasificación de riesgos del EU AI Act como referencia central para sus propios proyectos de ley o estrategias nacionales de IA. Con el modelo europeo en revisión, estos marcos derivados quedan huérfanos de su fuente de legitimidad técnica y política, generando un vacío normativo difícil de gestionar en contextos institucionales con menor capacidad de respuesta rápida. (BID, 2023; Leal & Ramírez, 2025)

En contraste, modelos como el del Reino Unido, que optó deliberadamente por un enfoque regulatorio no legislativo, basado en principios y distribuido sectorialmente, han ganado nuevos defensores. El enfoque británico post-Brexit apostó por la flexibilidad y por asignar responsabilidades de supervisión de IA a los reguladores sectoriales existentes, sin crear una nueva agencia central ni aprobar una ley específica. (UK Department for Science, Innovation and Technology, 2023)

Si bien este modelo también enfrenta críticas por la dificultad de generar coherencia entre todos los reguladores y su complejidad para crear arbitraje regulatorios sólidos y consistentes, ha demostrado mayor agilidad para adaptarse a los desarrollos tecnológicos recientes.

Muchos defensores del modelo horizontal generalista reconocen ahora que la rigidez de una ley única puede sofocar la competitividad si no se permite una adaptación sectorial profunda. (Cambridge University Press, 2026)

Este reconocimiento a catalizado un replanteamiento más amplio sobre la arquitectura regulatoria óptima para la IA. La discusión ya no se limita a qué regular, sino a cómo diseñar instituciones y procesos normativos que sean intrínsecamente capaces de evolucionar al ritmo del objeto que pretenden regular.

Conceptos como la "regulación adaptativa", los entornos controlados de prueba (sandboxes regulatorios) y los mecanismos de revisión periódica obligatoria están ganando terreno como respuestas estructurales al llamado "problema del ritmo". (Marchetti & Smuha, 2021; NIST, 2023)

El agotamiento del enfoque horizontal no implica el fracaso de la regulación de la IA como proyecto. Implica, más bien, la maduración de un campo de prueba que está aprendiendo, con dificultades, que legislar sobre tecnologías disruptiva, de evolución rápida y con capacidades incluso de autoevolución, requiere humildad epistémica, procesos de revisión institucionalizados y una voluntad genuina de desaprender antes de volver a legislar.

La adecuación de textos legales existentes

Uno de los pilares conceptuales de la nueva tendencia regulatoria es la premisa de que la IA no requiere necesariamente un "nuevo derecho", es decir un conjunto de nuevas normas que abarquen absolutamente todos los aspectos, sino de una actualización de los conceptos jurídicos tradicionales.

Expertos señalan que leyes vigentes sobre privacidad, responsabilidad civil, contratos y propiedad intelectual ya contienen los principios necesarios para mitigar los daños de la IA y generar un contexto de desarrollo incentivado apropiado, siempre que se realicen ajustes específicos, por ejemplo, para reconocer la autonomía algorítmica y la opacidad de los datos. (FIRE, 2026)

Esta perspectiva no es simplemente pragmática, sino que responde a una lógica jurídica de fondo. El derecho ha demostrado históricamente una notable capacidad para adaptarse a innovaciones disruptivas, desde la imprenta hasta el automóvil, desde la radiodifusión hasta internet, sin necesidad de refundar sus categorías fundamentales. La pregunta relevante no es si existe un vacío legal absoluto, sino si los conceptos de autoría, daño, intención, previsibilidad y consentimiento pueden reinterpretarse para abarcar los comportamientos de sistemas que operan con un nivel de autonomía sin precedentes. (Calo, 2017; Doshi-Velez & Kortz, 2017)

La tensión, sin embargo, no es menor. El denominado "problema de la caja negra", es decir, la opacidad de los sistemas de IA de aprendizaje profundo, que dificulta o imposibilita explicar cómo se llegó a una decisión, dicen los expertos, entra en conflicto directo con principios fundamentales del derecho continental y anglosajón: la previsibilidad del daño, la cadena causal de responsabilidad y el derecho a una explicación en decisiones automatizadas que afectan a las personas.

Esta tensión es visible en el debate sobre el artículo 22 del RGPD, que restringe las decisiones totalmente automatizadas con efectos jurídicamente significativos, pero que tampoco se diseñó pensando en los modelos generativos actuales. (California Law Review, 2023; Tandfonline, 2025)

Los tribunales han comenzado a explorar teorías de responsabilidad por producto defectuoso (strict liability) para sistemas agénticos capaces de tomar decisiones autónomas de múltiples pasos, un camino que podría llevar a regímenes de responsabilidad objetiva sin necesidad de demostrar culpa subjetiva. (Jones Walker, 2026)

A estas complejidades se suma el fenómeno de las "alucinaciones" algorítmicas, respuestas fabricadas a partir de fuentes con sesgos, datos erróneos, o errores algorítmicos de entrenamiento, que el sistema presenta como verídicas, cuya causalidad jurídica es difícil de determinar.

¿Es culpable el desarrollador del modelo, el operador que lo desplegó sin suficientes salvaguardas o el usuario que no verificó el resultado? La ausencia de precedentes definitivos genera un vacío que ha provocado que el 88% de los contratos de proveedores de IA incluyan cláusulas que limitan su responsabilidad, frecuentemente a montos equivalentes a la cuota mensual de suscripción. (Stanford CodeX, 2025)

Las decisiones judiciales están comenzando a señalar criterios interpretativos sobre el fair use, incluyendo la evaluación del carácter transformativo del uso, el impacto sobre el mercado de la obra original y la naturaleza comercial del modelo entrenado. Los tribunales están, en definitiva, comportándose como legisladores interpretativos, extendiendo el alcance de normas que datan de décadas para abarcar realidades tecnológicas que sus redactores no podían anticipar. (IPWatchdog, 2025)

En materia de privacidad, la relación entre el RGPD y la IA ilustra con particular claridad esta dinámica de adaptación. El Reglamento General de Protección de Datos se diseñó antes de la irrupción masiva de los modelos de lenguaje de gran escala, pero sus principios, minimización de datos, limitación de finalidad, transparencia y rendición de cuentas, son perfectamente aplicables a sistemas de IA que procesan datos personales. La clave está en la reinterpretación.

El informe del CEPD de abril de 2025 aclaró que los modelos de lenguaje de gran escala raramente alcanzan estándares de anonimización suficientes, de modo que los operadores que desplieguen modelos de terceros deben realizar evaluaciones exhaustivas de intereses legítimos antes de proceder. (Secure Privacy, 2026)

El horizonte que se configura, entonces, no es el de una revolución jurídica sino el de una evolución acelerada. Los sistemas legales existentes están siendo sometidos a un proceso de reinterpretación sistemática que, cuando alcanza sus límites, se complementa con ajustes legislativos acotados, sectoriales y precisos. Este enfoque, más modesto en sus ambiciones formales, pero más ágil en su aplicación práctica, parece haberse impuesto como la vía dominante en los principales sistemas jurídicos del mundo. La pregunta que queda abierta es si este ritmo de adaptación será suficiente ante la velocidad del objeto a regular que no espera.

Evolución de la gobernanza algorítmica

La trayectoria regulatoria de la IA entre 2024 y 2026 demuestra un giro pragmático hacia la especialización y la adecuación. La "Ley de IA" única ha demostrado ser un ideal difícil de sostener frente a la velocidad del cambio tecnológico y la diversidad de las aplicaciones. En su lugar, el mundo está adoptando un modelo donde los reguladores sectoriales, apoyados por estándares técnicos globales y leyes preexistentes adaptadas, proporcionan un entorno más seguro y predecible tanto para los innovadores como para los ciudadanos. (Cloud Security Alliance, 2025)

La adecuación normativa no debe interpretarse como una ausencia de regulación, sino como una forma de "regulación inteligente" que aprovecha la infraestructura jurídica ya existente.

Al enfocar los esfuerzos legislativos en enmiendas precisas a leyes de salud, finanzas o privacidad, los Estados logran una mayor efectividad sin la necesidad de crear burocracias masivas y marcos legales redundantes.

El futuro de la gobernanza de la IA reside en esta arquitectura fragmentada pero coordinada, donde la flexibilidad sectorial y el respeto a los derechos humanos fundamentales se equilibran a través de una supervisión técnica rigurosa y una aplicación judicial basada en principios consolidados. (Morgan Lewis, 2025)

La gobernanza de la inteligencia artificial ha dejado de ser un ejercicio de ingeniería legislativa ambiciosa para convertirse en un proceso de adaptación continua, pragmática y necesariamente humilde. La evidencia acumulada confirma que ningún Parlamento, por más diligente que sea, puede anticipar la totalidad de las implicaciones de una tecnología que se reinventa a sí misma en ciclos cada vez más cortos.

Lo que sí está al alcance de los Estados, y lo que los más exitosos han comenzado a hacer, es construir ecosistemas normativos con capacidad de aprendizaje, marcos que no pretendan congelar la realidad en una taxonomía de riesgos, sino que establezcan principios duraderos, mecanismos de revisión institucionalizada y una distribución clara de responsabilidades entre desarrolladores, operadores y usuarios.

En ese equilibrio entre certeza jurídica y flexibilidad adaptativa reside, en definitiva, la única forma de regulación que puede acompañar, sin asfixiar ni ignorar, a una tecnología que ya no es el futuro, sino el presente más urgente y transformador que las sociedades contemporáneas han debido gobernar desde la primera revolución industrial.

7. Datos, infraestructura y soberanía

La IA pública se apoya sobre una infraestructura que suele quedar invisible hasta que falla. Esa infraestructura incluye conectividad, data centers, almacenamiento, interoperabilidad, calidad de datos, estándares de seguridad, capacidad de cómputo y reglas de acceso.

Un error frecuente en la región consiste en querer discutir algoritmos antes de haber resuelto el basamento material.

El modelo sugerido por el BID subraya que infraestructura y datos son un pilar tan decisivo como gobernanza y talento. La importancia de la infraestructura digital para el desarrollo regional es o debe ser centro de atención. (Martorell y Porrúa, 2026; Campos Ríos, 2025).

Esto tiene una consecuencia práctica muy concreta, no hay política de IA seria sin política de datos, y no hay política de datos seria sin interoperabilidad, gobernanza y conectividad suficientes.

En países con infraestructura limitada, la prudencia consiste en priorizar casos de uso de bajo costo y alto valor público, evitando la tentación de desplegar modelos generativos costosos cuando bastan sistemas analíticos más simples y robustos.

La eficacia de cualquier sistema de IA depende críticamente de la calidad de los datos; información incompleta o incorrecta compromete los resultados. Por ello, se deben establecer unidades centrales de gobernanza de datos que coordinen la recopilación y gestión, asegurando su integridad y privacidad. (Salvador Serna, M., 2021)

Un sistema de IA alimentado con datos inexactos solo automatiza el caos y producirá inferencias erróneas en todo lo que produzca.

Un buen diseño puede combinar uso responsable, anonimización cuando corresponda, limitación de finalidad y mecanismos de acceso controlado.

En el plano operativo, conviene que cada organismo tenga responsables de datos, glosarios comunes, catálogos compartidos, políticas de calidad y reglas claras de interoperabilidad. Sin esto, la IA no escala.

La soberanía tecnológica también merece una lectura madura. No significa cerrar el sistema al mundo ni construir todo en casa. Significa evitar dependencias excesivas, preservar capacidad de decisión, comprender dónde están alojados los datos, con qué proveedores se trabaja y qué margen tiene el Estado para auditar o migrar soluciones.

Es oportuno pensar en que un camino adecuado es el de equilibrar independencia y alianzas estratégicas, porque la región no puede ni debe renunciar a la cooperación internacional, pero tampoco quedar atrapada en plataformas cerradas sin posibilidad de control. En términos prácticos, esto exige cláusulas de portabilidad, interoperabilidad, reversibilidad y soberanía de los datos en la contratación pública.

También implica pensar la IA junto con la política energética y la sostenibilidad financiera. El modelo de referencia del BID advierte que, en la IA generativa, el costo de inferencia puede ser elevado y poner en riesgo la sostenibilidad de los servicios si no se dimensiona adecuadamente desde el inicio (Martorell y Porrúa, 2026).

Si el país cuenta con una discusión madura sobre los servicios públicos, energía inteligente y capacidades digitales, y esta discusión convive con una infraestructura relativamente avanzada, este punto no es menor. La política de IA debe alinearse con la política de datos, la política de nube, la política energética y la política de compras públicas. Solo así la soberanía tecnológica dejará de ser una consigna y se convertirá en una práctica institucional.

8. Talento y cultura organizacional

La mejor política de IA fracasa si no hay personas capaces de entenderla, aplicarla, supervisarla y corregirla. Por eso, el talento es mucho más que un componente complementario, es la condición de posibilitar todo el sistema.

El ILIA 2025 muestra que la región presenta avances desiguales en capital humano, y que la formación de especialistas en Inteligencia Artificial (IA), ciencia de datos y disciplinas asociadas sigue siendo insuficiente para la escala de transformación que se pretende (CEPAL, 2025).

Para gestionar la transición laboral, las políticas deben enfocarse en tres pilares: inversión en programas de formación (upskilling/reskilling), fomento de la colaboración humano-máquina para que el personal se centre en tareas que exigen habilidades humanas únicas, y el desarrollo de protecciones que garanticen la equidad en un entorno automatizado. (Cazzaniga, M., et al., 2024)

Sin una base robusta de talento, las estrategias quedan atrapadas en la dependencia externa o en proyectos piloto que no logran sostenerse.

Esto obliga a diseñar una política de talento con varios niveles. En el nivel más alto, hace falta formar cuadros directivos y de tomadores de decisión capaces de entender el valor, el riesgo y la gobernanza de la IA.

En el nivel intermedio, se requieren equipos técnicos con conocimiento en datos, automatización, ciberseguridad y evaluación.

En el nivel operativo, se debe alfabetizar a todo el funcionariado para que no vea la IA como un misterio ni como una amenaza difusa, sino como una herramienta que exige criterio y supervisión.

La formación no debe limitarse a cursos introductorios. Debe haber trayectorias diferenciadas por perfil. Un Ministro, una directora de área, una jefatura de servicio y un analista no necesitan exactamente lo mismo.

Un mando medio necesita saber cuándo conviene impulsar o frenar un proyecto, cómo leer una evaluación de impacto y cómo reclamar explicabilidad.

El técnico necesita saber modelado, limpieza de datos, métricas de desempeño y ciberseguridad.

Mientras que un funcionario de atención ciudadana necesita saber cómo convivir con asistentes virtuales, cuándo derivar a una persona y cómo detectar errores recurrentes.

Argentina, Brasil y Uruguay han impulsado programas de capacitación en IA para el sector público, lo que muestra que la región empieza a comprender que la transformación digital no ocurre por decreto, sino por aprendizaje institucional sostenido.

El desafío, sin embargo, es convertir iniciativas aisladas en políticas de desarrollo de capacidades con escalas, certificaciones, incentivos y evaluación de resultados.

La cultura organizacional es tan importante como la capacitación técnica. La IA suele fracasar cuando se introduce como injerto externo en organizaciones que no modifican procesos, incentivos ni hábitos de trabajo.

Muchas iniciativas no alcanzan resultados porque no se integran bien a la dinámica real de la organización, y porque el aprendizaje institucional es más difícil que la compra de tecnología. Eso significa que una política de IA debe acompañarse de gestión del cambio, comunicación interna y liderazgo visible.

En la administración pública latinoamericana, donde persisten inercias burocráticas y a veces resistencias comprensibles, es prudente avanzar con pilotos pequeños, bien acompañados, que con promesas grandilocuentes sin arraigo.

Una reforma inteligente del Estado debería combinar formación, diálogo interinstitucional, movilidad interna y reconocimiento profesional, para que la IA no sea vivida como un factor de precarización sino como una oportunidad de sofisticar la función pública.

9. Casos de uso y priorizaciones

Uno de los errores más comunes en la adopción de IA es empezar por la tecnología disponible y no por la necesidad pública.

Un buen portafolio de IA pública no se construye a partir de modas, sino de problemas prioritarios. Para priorizar, conviene usar criterios simples como la magnitud del problema, frecuencia del proceso, valor público potencial, disponibilidad de datos, riesgo regulatorio, costo de implementación y posibilidad real de escalar.

No tiene sentido empezar por un caso emblemático de alta complejidad si la administración todavía no resolvió su interoperabilidad básica.

El enfoque gradual comienza primero por un diagnóstico, luego gobernanza, después pilotos, y solo finalmente un escalamiento e institucionalización.

Esta secuencia evita la frustración habitual de muchos proyectos que nacen con entusiasmo y mueren en la etapa de demostración.

En el sector justicia, por ejemplo, la IA puede contribuir a redactar borradores, clasificar expedientes y sugerir precedentes, siempre bajo supervisión humana.

La evidencia muestra que es posible reducir tiempos de trámite y liberar capacidad para tareas más complejas, sin renunciar a la decisión judicial ni al control profesional (Campos Ríos, 2025).

En salud, la IA puede asistir el triaje, detectar patrones de riesgo, mejorar la coordinación entre niveles de atención y optimizar recursos escasos.

En educación, puede identificar señales tempranas de desvinculación, adaptar contenidos y orientar las intervenciones focalizadas.

En compras públicas, puede detectar inconsistencias, sobreprecios o patrones atípicos.

En atención ciudadana, puede responder consultas repetitivas, derivar trámites y ampliar horarios de servicio.

Pero cada uno de estos usos exige reglas distintas de validación, supervisión y revisión. La clave no es maximizar el número de usos, sino seleccionar aquellos que produzcan valor público medible y compatible con la capacidad institucional disponible.

Las políticas públicas anticipatorias merecen una atención especial. Donde un Estado pasa de una lógica meramente reactiva a otra más proactiva, capaz de prever demandas, riesgos y escenarios.

Esto es valioso, de forma concreta, por ejemplo, para políticas climáticas, gestión del riesgo, infraestructura, seguridad alimentaria y planificación urbana. Sin embargo, la anticipación algorítmica no debe convertirse en pretexto para decisiones opacas o perfiles de riesgo que nadie pueda auditar.

El valor de las políticas anticipatorias está en que amplían la capacidad del Estado para prevenir, no para castigar preventivamente ni para sustituir el juicio administrativo.

En Latinoamérica, donde las capacidades predictivas pueden ayudar a corregir desigualdades históricas, vale la pena explorar todo el potencial de la IA, acompañado con explicaciones y rendición de cuentas públicas, evaluación independiente y controles de proporcionalidad. De lo contrario, la promesa de anticipación puede terminar en una forma sofisticada de vigilancia.

10. Pilotos y gestión del cambio

La implementación de IA en el sector público debe tratarse como un proceso de aprendizaje permanente, no como una entrega de soluciones técnicas cerradas, de hecho, lo técnico es el menor de los componentes, siendo otros tanto o más relevantes como la institucionalidad, rediseño de procesos, marco normativo, etc.

Es recomendable la creación de "espacios de prueba regulados" (sandboxes) que permitan testear soluciones innovadoras en entornos controlados, produciendo evidencia antes de su escalamiento masivo para asegurar que las aplicaciones sean seguras. (Sierra, C., et al. (Coords.), 2024)

Los pilotos bien diseñados sirven para probar hipótesis, identificar fallas, ajustar expectativas y construir legitimidad. Pero un piloto no debe ser un fin en sí mismo.

Debe existir una definición previa de “éxito”, es decir, comprender el camino a transitar y el objetivo a alcanzar. Y es necesario determinar qué se medirá, en qué plazos, con qué indicadores y en qué condiciones se decidirá escalar, modificar o dar por terminada la iniciativa.

Muchos proyectos fracasan por no integrar la IA a los procesos cotidianos ni rediseñar flujos de trabajo antes de automatizar (Martorell y Porrúa, 2026). En otras palabras, no basta con poner un algoritmo sobre el procedimiento existente; hay que revisar el procedimiento mismo. La gestión del cambio es, por tanto, tan importante como el desarrollo técnico.

Un buen piloto debería comenzar con una hipótesis acotada y una población delimitada. Por ejemplo, mejorar el tiempo de respuesta en un trámite específico, reducir errores en una etapa de control, priorizar un grupo de riesgo o apoyar a un equipo de funcionarios en la clasificación de casos. Debe contar con datos confiables, resguardo legal, apoyo de los mandos, un equipo multidisciplinario y un protocolo claro de supervisión.

Si el piloto se apoya en un proveedor externo, el Estado debe mantener control sobre los datos, sobre el modelo y sobre la posibilidad de interrumpir su despliegue y uso.

La contratación debería prever productos, auditorías y migración. El modelo del BID advierte que la IA generativa puede presentar costos de inferencia importantes, de modo que la planificación financiera no puede quedar para el final (Martorell y Porrúa, 2026).

Esto es especialmente relevante para gobiernos subnacionales, municipios e intendencias, que suelen tener margen fiscal acotados y requieren soluciones más ligeras, interoperables y sostenibles.

La gestión del cambio también exige comunicación. Dentro del Estado, muchas resistencias provienen del miedo a perder control, relevancia o empleo. Hacia la ciudadanía, la resistencia proviene del temor a ser evaluada, clasificada, o tratada por máquinas que "nadie entiende".

Por eso, la implementación debe acompañarse con narrativas honestas. Explicar como la IA no reemplaza la responsabilidad humana, que no todo puede ser automatizado y dejado en manos de un algoritmo, que los errores se corrigen y que el objetivo es mejorar el servicio.

El CLAD remarca que la IA debe fortalecer la legitimidad de la administración pública y no debilitarla (CLAD, 2023).

En el plano práctico, eso significa abrir espacios de aprendizaje dentro de los organismos, compartir resultados de pilotos, publicar métricas de desempeño y reconocer lo que no funcionó.

En Latinoamérica, donde la tradición administrativa a veces ha privilegiado el cumplimiento formal sobre la experimentación, instalar una cultura de prueba, error, mejora continua y reconocer en lo que se ha fracasado, puede ser una de las transformaciones más costosas, pero más valiosas.

La IA, bien implementada, puede ser una escuela de modernización, siempre que el Estado se anime a aprender con humildad.

11. Contratación pública y alianzas

La contratación pública es un punto crítico de cualquier política de IA. En la práctica, una enorme parte de los sistemas que el Estado utiliza proviene de proveedores privados, startups, consorcios tecnológicos o alianzas con universidades.

Esto está naturalizado y es hasta deseable, pero requiere reglas claras. El problema no es contratar, no es tercerizar, sino contratar sin especificaciones, sin estándares de interoperabilidad, sin cláusulas de datos y sin capacidad de fiscalización.

La tercerización, es deseable, que surja como una estrategia voluntaria y no por necesidad frente a la incapacidad de hacerlo propio.

La política de compras debe incluir requisitos de transparencia, explicabilidad en la medida de lo posible, no discriminación, seguridad, portabilidad, reversibilidad y protección de datos. Sin olvidar un contrato donde se comprometa cierto nivel de calidad de servicio (SLA).

La experiencia chilena en materia de adquisiciones públicas de sistemas basados en IA, muestra que es posible construir estándares exigibles en el ciclo de compra para que la innovación no se divorcie del contralor público (Campos Ríos, 2025).

Eso es especialmente relevante para los países que desean escalar soluciones sin renunciar a la rendición de cuentas.

Las alianzas público-privadas son útiles, pero no deben confundirse con delegación de soberanía y con una ausencia cómoda de supervisión.

El Estado debe conservar la capacidad de definir el problema, fijar las reglas, auditar resultados y rescindir contratos cuando sea necesario.

En algunos casos, puede convenir desarrollar soluciones propias o en colaboración con universidades y centros de investigación; en otros, adquirir herramientas comerciales con condiciones estrictas.

La clave está en que el diseño institucional no deje al Estado rehén del proveedor. En este sentido la soberanía tecnológica consiste en equilibrar independencia y cooperación estratégica, algo que en la práctica se traduce en evitar dependencias de caja negra, exigir documentación técnica, transferencias de conocimiento, y pensar la capacidad que debe existir de migración de los sistemas.

Esto vale tanto para modelos en la nube como para sistemas entrenados localmente.

Los ecosistemas de innovación también importan. Una política pública de IA no prospera si el Estado trabaja aislado. Universidades, centros de investigación, agencias públicas, empresas y sociedad civil deben interactuar en un entorno de aprendizaje compartido.

En Latinoamérica existen iniciativas regionales valiosas, como fAIr LAC, que buscan promover el desarrollo de políticas de IA centradas en derechos humanos, con participación múltiple de gobiernos, sector privado, academia y sociedad civil.

La cooperación regional es útil no solo para compartir buenas prácticas, sino también para reducir costos, intercambiar talento y construir estándares interoperables. Uruguay, por su tamaño y por su tradición de articulación institucional, puede desempeñar un rol interesante como laboratorio de soluciones escalables y de políticas públicas con foco en confianza, gobernanza de datos y servicio al ciudadano.

En ese sentido, la cooperación no es un gesto diplomático accesorio; es una estrategia de capacidad estatal llevada al nivel regional.

12. Transparencia y evaluación

La transparencia algorítmica no consiste únicamente en publicar código. Consiste en crear condiciones para que las decisiones apoyadas por IA sean comprensibles, revisables y justificables.

En el sector público, esto exige registro de versionados, documentación de datos, explicación de objetivos, trazabilidad de cambios, reportes de desempeño y mecanismos de apelación.

El problema de fondo es siempre el mismo, si el Estado utiliza IA para "decidir mejor", debe poder explicar por qué ha tomado una decisión.

La Carta Iberoamericana del CLAD y la literatura de la región insisten en que la transparencia y la participación ciudadana no son accesorios, sino elementos constitutivos de una IA pública legítima (CLAD, 2023).

Esto es aún más importante cuando el sistema incide sobre derechos, beneficios, servicios o controles. La ciudadanía no tiene por qué entender matemática avanzada, pero sí tiene derecho a saber qué hace el sistema y cómo puede cuestionarlo.

Es importante tener presente que la transparencia algorítmica tiene sus limitaciones ante algoritmos que crean otros algoritmos en tiempo real y por tiempos efímeros. Cada vez más nos enfrentamos a los fútil que es reclamar código algorítmico de lo que aún no existe y cuando lo haga será breve su existencia.

La auditoría es el complemento natural de la transparencia. Un sistema de IA no debería evaluarse solo antes de su puesta en marcha, sino también durante su operación y después de cambios relevantes.

Las auditorías deben revisar al menos el posible sesgo, precisión, deriva del modelo, impacto distributivo, cumplimiento normativo y seguridad.

El NIST ofrece un marco útil para gestionar riesgos en torno a gobernar, mapear, medir y gestionar, y eso puede adaptarse muy bien al sector público (NIST, 2024).

El monitoreo debe ser continuo e integral. Herramientas como el Índice Global de IA Responsable permiten evaluar el desempeño en 19 áreas temáticas, analizando tanto los marcos legales como las acciones gubernamentales y las iniciativas de actores no estatales. (Adams, R., et al., 2024)

En el mismo sentido, la OCDE y la UNESCO subrayan la necesidad de monitoreo continuo y revisión de impactos, especialmente en contextos donde los modelos generativos introducen riesgos nuevos respecto de sistemas analíticos tradicionales (OCDE, 2024; OECD/UNESCO, 2024).

La auditoría algorítmica no debe entenderse como un castigo a la innovación, sino como una práctica necesaria para un progreso positivo institucional.

La participación ciudadana, por su parte, debe ser real y no meramente consultiva. Las políticas de IA necesitan consultas tempranas, instancias de co-diseño y canales de retroalimentación para usuarios finales, especialmente cuando los servicios públicos cambian de interfaz o de lógica de atención.

En este punto la democracia en red, la construcción de ciudadanía y el valor de la voz del ciudadano es clave. Eso implica escuchar no solo a expertos, sino también a quienes sufren los efectos de las decisiones públicas.

La participación podría traducirse en mesas sectoriales, pruebas piloto con usuarios reales, evaluaciones de usabilidad, mecanismos de queja accesibles y reportes públicos periódicos.

Al final, la evaluación es la pieza que cierra el círculo. Sin indicadores de resultado, de proceso y de impacto, la política de IA corre el riesgo de confundirse con mera exhibición tecnológica. Evaluar no es burocratizar; es aprender con evidencia para gobernar mejor.

13. Hoja de ruta de madurez

Una política de IA útil necesita una hoja de ruta concreta. Para países pioneros, el desafío principal no es “empezar” sino coordinar, escalar y consolidar. Para países adoptantes, la prioridad suele ser cerrar brechas en dispersión y coherencia de datos, tasa de conectividad, talento humano necesario y capacidad de gobernanza. Para países exploradores, el objetivo es construir bases mínimas pero necesarias, contener el entusiasmo inicial para evitar saltos institucionales, que por alta aspiración, luego resultan imposibles de sostener.

El ILIA 2025 contribuye a leer esos trayectos de forma diferenciada, y esa diferenciación es sana porque evita la copia acrítica de modelos (CEPAL, 2025).

Países referentes como Uruguay ya tiene aprobadas sus estrategias de IA y datos, y eso le permite pensar una segunda etapa.

Para este país ahora es tiempo de institucionalizar la implementación, establecer carteras de casos prioritarios, medir resultados, fortalecer la gobernanza de proveedores, ampliar la capacitación y consolidar una cultura de auditoría y evaluación (AGESIC, 2024a; AGESIC, 2024b). Es decir, Uruguay ya no debería discutir solo principios, sino mecanismos de ejecución y sostenibilidad.

Una hoja de ruta realista puede ordenarse correctamente si se piensa de manera escalable. En el corto plazo, conviene diagnosticar capacidades, mapear datos, definir responsables, seleccionar casos de uso de alto valor y bajo riesgo, y montar un sistema de seguimiento.

En el mediano plazo, hay que consolidar la infraestructura tecnológica, revisar y mejorar la arquitectura de datos e interoperabilidad, institucionalizar evaluaciones de impacto, desarrollar contratos modelo, profesionalizar equipos humanos y ampliar la alfabetización interna.

En el largo plazo, el objetivo debería ser integrar la IA en la reforma del Estado en curso o por venir, pero no podrá estar ausente. En la política de desarrollo productivo y en la relación entre gobierno y ciudadanía.

Precisamente, las recomendaciones van en línea con una secuencia que inicia en el diagnóstico hasta la institucionalización, pasando por pilotos y escalamiento, una dimensión de soberanía tecnológica y cooperación regional que es indispensable para no quedar atados a dependencias poco controlables (Martorell y Porrúa, 2026).

En términos prácticos, eso significa que, por ejemplo, cada ministerio, intendencia o estructura del tercer nivel de gobierno, debería tener una cartera propia de oportunidades, pero dentro de un marco común.

El mayor riesgo no es la demora; es la dispersión. Sin coordinación, cada organismo recorre caminos divergentes con los demás para hacerse de soluciones de IA, define datos de modo diferente, crea sus propios criterios y termina multiplicando costos y errores.

La respuesta no es centralizar todo de forma rígida, sino fijar estándares comunes y permitir diversidad de aplicaciones.

En Latinoamérica, el valor de una política de IA no está en parecer futurista, sino en ser útil, justa y sostenible.

Si logra eso, la tecnología habrá dejado de ser un espectáculo para convertirse en una herramienta de desarrollo nacional.

14. Aplicaciones sectoriales

Una política de IA pública madura no se mide por su arquitectura general, sino por su capacidad de desembarcar en sectores y territorios concretos. Sobre todo, en aquellos más necesitados de modernidad e innovación que contribuyan a la eficiencia, ahorros, etc.

La administración central, jerarquía como la misma Presidencia de la República, Ministerios, etc., suelen concentrar la discusión estratégica, pero buena parte del impacto real de la IA ocurre en dependencias sectoriales, empresas públicas menores pero cercanas a la ciudadanía, organismos descentralizados, intendencias, municipios y servicios territoriales.

En Latinoamérica y el Caribe, donde la realidad administrativa es profundamente heterogénea, la dimensión subnacional no puede tratarse como un apéndice.

El impacto de la IA en la gestión pública subnacional y en las ciudades, allí donde la proximidad con la ciudadanía permite identificar necesidades concretas y ensayar soluciones más visibles, debería ocupar gran parte de la estrategia nacional.

Otros verticales clave son, por ejemplo, la salud, donde la IA puede ayudar a optimizar turnos, anticipar demanda, detectar patrones de riesgo, organizar rutas de atención y asistir en el triaje.

Sin embargo, es crucial no confundir apoyo con sustitución. El sistema no debe decidir por sí solo sobre diagnósticos o priorizaciones sensibles sin supervisión clínica y sin evaluación rigurosa.

En la educación, las herramientas pueden servir para detectar riesgos de desvinculación, personalizar trayectorias y apoyar a docentes y equipos de gestión, como muestran experiencias regionales vinculadas al seguimiento de trayectorias educativas.

En seguridad pública y gestión urbana, la IA puede contribuir a integrar cámaras, sensores, reportes y mapas de incidentes, pero aquí la cautela debe ser máxima porque el riesgo de vigilancia excesiva o de perfilamiento indebido es alto.

El uso de reconocimiento facial y otras técnicas invasivas solo puede admitirse bajo reglas estrictas, control público y compatibilidad con derechos fundamentales, algo que la literatura regional advierte como central para evitar democracias opacas basadas en el monitoreo.

En el área de compras y control, la IA tiene un valor notable para auditar grandes volúmenes de información, detectar patrones atípicos y enfocar mejor el trabajo humano.

La experiencia brasileña de la CGU y del TCU, citada por el modelo del BID, demuestra que la IA puede ayudar a identificar irregularidades y mejorar la eficiencia del control público.

En políticas sociales, la IA puede realizar cruzamientos de bases de datos, detectar duplicaciones, advertir posibles errores de focalización y orientar mejor la asignación de recursos.

Aquí el criterio de justicia distributiva es central. La automatización debe servir para ampliar cobertura y corregir errores, no para endurecer exclusiones.

En atención ciudadana, la región ya mostró que los chatbots y asistentes virtuales pueden reducir tiempos de espera y ampliar accesibilidad, siempre que no se los use como excusa para desatender la calidad del canal humano, el cual jamás debe desaparecer.

La lección de fondo es que cada sector tiene su lógica y sus riesgos; por eso, la política de IA debe estar hecha de principios comunes y adaptaciones sectoriales.

El enfoque subnacional merece un desarrollo adicional porque es allí donde la innovación suele encontrar, al mismo tiempo, más necesidad y menos capacidad.

Las ciudades y la territorialidad enfrentan problemas más concretos, con presupuestos más ajustados y con mayor presión ciudadana por resultados inmediatos.

Eso exige soluciones livianas, modulares y de bajo costo de mantenimiento. No es conveniente llevar a un gobierno local sistemas complejos que después no podrá sostener.

Tampoco es correcto ver al nivel subnacional como simple consumidor pasivo de soluciones diseñadas desde la centralidad.

Lo más inteligente es construir capacidades compartidas, consorcios interjurisdiccionales, servicios centralizados de apoyo técnico y repositorios de herramientas reutilizables.

Esta lógica, además, está alineada con la cooperación regional y con la idea de soberanía tecnológica como capacidad de decisión colectiva y no como aislamiento. Si se hace correctamente, la IA puede convertirse en una palanca de descentralización inteligente, asegurando más autonomía operativa, más coordinación estratégica y mejor servicio para la ciudadanía.

15. Contratación pública

La contratación pública merece un capítulo propio porque en la práctica es el lugar donde una estrategia de IA se vuelve real o fracasa.

Un Estado puede tener una estrategia brillante, un comité de alto nivel y una narrativa impecable, pero si al adquirir soluciones tecnológicas no define claramente qué exige, qué prohíbe, qué controla y qué puede revisar, terminará atado a soluciones opacas o sobredimensionadas.

La política de compras para IA debe comenzar por una idea elemental. El pliego no compra promesas, compra capacidad de servicio. Por eso es necesario especificar el problema a resolver, el alcance funcional, los datos involucrados, los requisitos de ciberseguridad, las condiciones de portabilidad, la documentación obligatoria y la posibilidad de auditoría independiente.

Cuando la solución sea generativa o de aprendizaje automático complejo, la Administración debe exigir mayor precisión en aspectos como trazabilidad, controles de versiones, mecanismos de supervisión humana y cláusulas de salida.

En varios países de la región, la evolución de las bases de compra con criterios éticos y técnicos muestra que la administración pública puede usar su poder de compra para elevar estándares de mercado y no solo para consumirlos pasivamente (Campos Ríos, 2025).

Hay un segundo punto que conviene subrayar, la relación con el proveedor no debe confundirse con la cesión de la responsabilidad pública.

Muchas organizaciones compran herramientas de IA como si adquirieran un electrodoméstico; esperan que el sistema funcione, pero no diseñan la gobernanza de su uso.

En el sector público eso es un error grave. Si una solución automatiza parte de una decisión administrativa, el organismo sigue siendo responsable por su legalidad, por su oportunidad y por su impacto.

En consecuencia, el contrato debe fijar con claridad quién responde ante errores, cómo se corrigen incidentes, quién conserva los datos, dónde se alojan, con qué formatos se exportan y qué sucede si el servicio termina.

La soberanía tecnológica no consiste en desconfiar de toda cooperación, ni de alimentar el coraje vacío de un intento fútil de independizarse de las big tech, sino en impedir que la administración quede rehén de proveedores, pero mantener una relación abierta y de cooperación con ellos.

El BID insiste en la idea de equilibrio entre independencia y alianzas estratégicas. La mejor manera de preservar la autonomía estatal no es aislarse, sino asegurar que toda cooperación deje capacidad instalada, estándares y reversibilidad.

A ello se suma la necesidad de crear contratos tipo y listas de verificación técnicas. En vez de improvisar cada proceso, los organismos públicos deberían trabajar con modelos comunes de pliegos que incluyan cláusulas sobre datos, propiedad intelectual, auditoría de modelos, transparencia de métricas, ciberseguridad, pruebas de sesgo, continuidad operativa y salvaguardas para la ciudadanía.

Un contrato inteligente no es el que delega más, sino el que define mejor.

Los contratos deben prever espacios de innovación abierta y compra pública innovadora cuando el problema sea todavía incierto y requiera co-creación, por ejemplo, con universidades, startups o laboratorios públicos.

La clave, en cualquier caso, es que el Estado no se limite a "comprar Inteligencia Artificial", sino que adquiera soluciones auditables, escalables y alineadas con su misión pública. En el mundo de la administración digital, la calidad de la compra determina buena parte de la calidad del servicio.

16. Resiliencia y continuidad

Todo proyecto de IA pública debe pensarse como una combinación de oportunidad y exposición al riesgo.

La literatura especializada y los documentos de referencia de la región son consistentes. La IA puede mejorar la productividad, cobertura y calidad, pero también introduce vulnerabilidades nuevas o amplificadas, entre ellas sesgos algorítmicos, opacidad, dependencia de proveedores, fuga de datos, manipulación de resultados, y errores de inferencia (CLAD, 2023; UNESCO, 2021; NIST, 2024).

Por eso, hablar de riesgos no es adoptar una postura pesimista; es una forma seria de proteger el valor de lo público.

En la administración pública, los riesgos deben clasificarse por impacto potencial y por probabilidad. No es lo mismo un chatbot de orientación general que un sistema que influye sobre beneficios sociales, inspecciones o decisiones de alto impacto.

Tampoco es igual un prototipo aislado en un sandbox que un sistema integrado a un proceso crítico.

El Estado debe tener una metodología de clasificación que le permita decidir qué controles aplicar, cuáles exigir como obligatorios y cuáles revisar de manera periódica.

La ciberseguridad se vuelve todavía más importante cuando la IA se integra con sistemas de alto valor institucional, infraestructuras o sistemas críticos.

Un ataque de datos, una manipulación de prompts, una filtración de información sensible o una degradación del modelo pueden tener efectos que van mucho más allá de la pérdida técnica, se pueden comprometer vidas reales, trabajos, relaciones institucionales, etc.

Esto puede afectar la confianza en el Estado, interrumpir servicios y exponer a personas vulnerables. Por eso, la política de IA debe dialogar con la política de ciberseguridad, la de continuidad operativa y la de protección de datos personales.

El NIST propone un marco de gestión de riesgos que ayuda a mapear, medir y gestionar peligros asociados a la IA; ese enfoque resulta muy útil para el sector público porque traduce la preocupación ética en prácticas concretas de control (NIST, 2024).

Es preciso destacar la necesidad de resiliencia y sostenibilidad, incluyendo redundancia, recuperación ante fallas y protocolos específicos para modelos de IA.

No se trata solo de que el sistema funcione; se trata de que el servicio público no se interrumpa si el sistema falla.

La resiliencia, además, tiene una dimensión institucional. Un gobierno resiliente no es aquel que no comete errores, sino aquel que puede detectarlos, corregirlos y seguir operando sin trasladar el costo de la falla a la ciudadanía.

Eso requiere registros, monitoreo, pruebas periódicas y canales de escalamiento. También exige que cada organismo tenga definidos los criterios para suspender una herramienta de IA si surgen problemas graves.

El principio de “human-in-the-loop” no debe ser decorativo, debe permitir intervención real cuando hay dudas, cuando el sistema se sale de sus parámetros o cuando la decisión afecta a una persona concreta.

En contextos de alta sensibilidad, conviene incluso aplicar el principio de precaución. Si la administración no puede explicar un comportamiento, no puede auditar un sesgo crítico o no puede garantizar que el sistema no deriva en daño, entonces la implementación debe detenerse hasta resolverlo.

En Latinoamérica y el Caribe, donde las desigualdades se cruzan con capacidades estatales menguadas, la resiliencia y la seguridad no son un lujo sofisticado; son el piso mínimo de toda IA pública legítima.

17. Implementación paso a paso

La política pública de IA necesita una secuencia de implementación clara para no perderse en la ambición, ni en los pasillos de la burocracia y los diferentes intereses de las dependencias públicas.

El modelo práctico podría ser el que se obtiene del sentido común.

Es importante que las etapas sean alcanzables, posibles, para mantener el entusiasmo y el esfuerzo sostenido por parte del equipo de recursos humano, permitiéndole llegar a algún lado, a metas intermedia.

Diagnóstico

El primer paso debería ser un diagnóstico de madurez institucional. Allí conviene responder, con honestidad, qué datos existen, qué calidad tienen, qué organismos pueden interoperar, qué capacidades técnicas hay, qué presupuesto es posible movilizar, qué riesgos son más críticos y qué procesos serían los mejores candidatos para una primera experiencia. Sin ese mapa inicial, el gobierno termina eligiendo casos de uso por intuición, presión mediática o entusiasmo político, y eso suele derivar en frustración.

Gobernanza

La segunda etapa consiste en definir una gobernanza mínima viable. Esto incluye una autoridad política responsable, un comité técnico, referentes sectoriales y una estrategia de datos. La estrategia debe fijar principios, prioridades y criterios de selección.

Confianza y ética

La tercera etapa es construir marcos de confianza y ética. Es necesario una evaluación de impacto, revisión de privacidad, definición de umbrales de riesgo y mecanismos de participación.

Cooperación

La cuarta etapa es regionalizar y cooperar. Latinoamérica y el Caribe tienen el valor de poder aprender en red, compartir estándares, desarrollar compras conjuntas, articular formación e intercambiar soluciones. La cooperación, en materia de IA pública, no es un complemento; es una forma de acelerar la madurez del Estado sin reinventar la rueda en cada país.

Pilotos

La quinta es escoger pilotos con alta probabilidad de éxito y alto valor público. Conviene empezar con problemas acotados, medibles y de impacto visible para la ciudadanía o para el propio funcionamiento interno del Estado. En Uruguay, por ejemplo, podría pensarse en automatización de consultas simples, priorización de trámites, apoyo a atención ciudadana o mejora de procesos internos con bases relativamente limpias y bien delimitadas. Lo importante es que cada piloto deje aprendizaje reutilizable.

Evaluación

La sexta etapa es la evaluación del piloto. Aquí no alcanza con reportar que "funcionó". Hay que medir resultados de negocio público, calidad del servicio, satisfacción de usuarios, reducción de tiempos, costo total, incidencias, sesgos detectados y grado de confianza alcanzado. Si el piloto no funcionó, no se lo debe esconder, se lo debe analizar. Esa honestidad es parte de la madurez institucional.

Institucionalización

La séptima etapa es institucionalizar lo aprendido. Eso significa incorporar el caso en normas, manuales, presupuestos, contratos, capacitaciones y arquitecturas comunes.

Escalamiento

La octaba es escalar. Pero escalar no es repetir mecánicamente el mismo sistema; es adaptar el aprendizaje a nuevos contextos sin perder control.

18. Listas de verificación

Para convertir este manual en una herramienta de trabajo, conviene cerrar con un anexo operativo que ayude a pasar de la teoría a la acción.

Definición del problema

La primera verificación debe hacerse antes de cualquier proyecto. Preguntar si el problema público está claramente definido, si la solución requiere realmente IA, si existe una base de datos razonable, si hay responsables designados, si el riesgo sobre derechos es aceptable y si hay presupuesto para sostener la solución después del piloto.

Si alguna de esas respuestas es negativa, lo prudente es detenerse y corregir el diseño. En la administración pública, avanzar demasiado rápido suele significar retroceder después con más costo político y financiero.

Ficha técnica y protocolos

La segunda verificación debe acompañar la puesta en marcha. Conviene asegurarse de que el piloto tenga una ficha técnica clara, un responsable funcional, un responsable de datos, un responsable legal y un responsable de ciberseguridad. También debe existir un protocolo para incidentes, una política de derivación humana, un mecanismo de trazabilidad y una estrategia de comunicación para usuarios internos y externos.

Mecanismo de seguimiento

La tercera verificación corresponde al seguimiento. El organismo debería verificar el procedimiento de seguimiento. Además de comprobar el cronograma de revisión periódicamente comprobando si el sistema sigue cumpliendo el objetivo, si cambió la calidad de los datos, si aparece sesgo, si aumentó el costo o si hubo impactos no previstos. Una IA que no se monitorea deja de ser política pública y pasa a ser rutina automática sin control.

Contribución real de la IA

La cuarta verificación es política. Cada gobierno debería preguntarse si la IA que implementa contribuye a un Estado más justo, más accesible y confiable. Si la respuesta es dudosa, no basta con que la herramienta sea eficiente. La eficiencia pública no se mide solo en horas ahorradas; se mide en legitimidad ganada, en derechos mejor protegidos y en ciudadanía mejor servida.

Capacidades y conocimiento heredados

La quinta verificación es institucional. Si el proyecto no deja capacidades instaladas, documentación útil, aprendizajes transferibles y reglas claras, entonces tal vez no merezca escalarse. En ese punto, la lección del conjunto de fuentes es inequívoca: una buena política de IA no se define por su espectacularidad, sino por su capacidad de volverse parte estable de la maquinaria democrática del Estado (Campos Ríos, 2025; AGESIC, 2024a; Martorell y Porrúa, 2026).

19. Grandes faces de despliegue

Es necesario transformar una visión estratégica en un despliegue táctico coherente para los gobiernos de nuestra región. Llevar del papel al campo resulta mucho mas complejo y lamentablemente varios países no pasan de la etapa de contar con documentos bien elaborados que no pueden implementarse, por impericia o incapacidad.

Una política pública de Inteligencia IA solo adquiere verdadera credibilidad cuando deja de ser un cúmulo de promesas o un "bluf" de marketing para puntuar en rankings internacionales, para traducirse en una secuencia temporal comprensible y ejecutable.

En el actual escenario latinoamericano, caracterizado por una realidad líquida donde el cambio es la única constante, la gestión de lo digital ha dejado de ser una tarea meramente administrativa para convertirse en el nuevo eje del contrato social (Ríos, 2026b).

No estamos simplemente ante una actualización tecnológica; estamos navegando en un "bosque de bits" que exige una brújula ética y soberana para no perdernos en la espesura de los intereses corporativos (Ríos, 2025).

Latinoamérica y el Caribe enfrentan una paradoja diagnóstica que los especialistas resumen como la tendencia de "mucho plan y poca acción".

Contamos con estrategias nacionales robustas en el papel, pero que a menudo carecen de presupuesto o de una hoja de ruta que asigne responsabilidades concretas (Martorell & Porrúa, 2026).

En este contexto, el éxito de una política pública no reside en la grandilocuencia del anuncio, sino en su capacidad de institucionalización.

Para que la IA sea un catalizador de innovación en el sector público, debemos transitar de un modelo de "protección por defecto" a uno de "empoderamiento por diseño" (Ríos, 2026b). Esto implica reconocer que el ciudadano no es un sujeto pasivo, sino un actor con derechos que deben garantizarse en cada algoritmo.

Por otro lado, la neutralidad tecnológica es la salvaguarda de esta soberanía. Es la libertad de los individuos y las organizaciones de optar por la tecnología más apropiada y conveniente a sus necesidades y requerimientos, para su desarrollo, adquisición, uso o comercialización, sin dependencias respecto al conocimiento involucrado como información o datos (Ríos, 2013).

Esto garantiza que la IA sea adoptada de manera responsable, manteniendo la capacidad de independencia y soberanía sobre el conjunto de activos de información públicos involucrados.

Para comprender de manera más general los proyectos, un buen ejercicio es agrupar en plazos más amplios las etapas del capítulo “Implementación paso a paso”, esto nos da una visión en bloques de tiempo para una organización de rápida comprensión para presentar, explicar o demostrar el proyecto en cuestión.

Fase I: Los Primeros cien días

Este período es crítico. No es el momento para inauguraciones con corte de cinta, sino para organizar la institucionalidad.

La autoridad política debe entender que la IA no es un anexo o simplemente un complemento, sino una metacompetencia que atraviesa todo el aparato estatal (Ríos, 2026b).

Diagnóstico

Una realidad en países de Latinoamérica es la tendencia a sobre diagnosticar absolutamente todo, no obstante, es ineludiblemente el punto de partida. Si algo positivo debe rescatarse de estos diagnósticos es que posiblemente ya existan al momento de iniciar el proceso y por otro lado la disponibilidad de varios permitirá contraponerlos y compararlos, logrando mejor precisión en el estado del arte inicial.

Responsables y Gobernanza Centralizada

Una de las primeras acciones debe ser el nombramiento de una autoridad de alto nivel, idealmente una oficina nacional de IA o un responsable transversal con mandato directo de la Presidencia de la República (Martorell & Porrúa, 2026).

Esta unidad no debe ser un comité consultivo virtual, sino un brazo ejecutor con personal técnico propio y presupuesto protegido.

En Uruguay, por ejemplo, la labor de AGESIC ha sido fundamental para posicionar a la ética y la transparencia algorítmica como requisitos previos para cualquier implementación (Ríos, 2025).

Siguiendo este modelo, entonces sí, se debe establecer formalmente (no ad hoc) un comité interinstitucional que incluya a los ministerios de economía o finanzas, planificación y presupuesto, sectores críticos como salud y educación, y otros.

Es fundamental que este equipo inicial realice un diagnóstico breve de capacidades.

¿Qué datos se poseen y en qué condiciones? ¿Quiénes lo utilizan y cómo? ¿Dónde están los cuellos de botella? ¿Cuáles son los sistemas informáticos a través de los cuales estos datos circulan y son procesados?

Política de Datos y Bienestar Digital

La IA es tan buena como los datos que la alimentan y las técnicas de entrenamiento. En este año se debe avanzar en el catálogo de activos informacionales y en estándares de interoperabilidad. Pero cuidado, no se trata solo de acumular datos masivos (*Big Data*), sino de asegurar su calidad y representatividad.

Aquí entra en juego el modelo de Bienestar Digital Psicológico (P-DW). Las políticas públicas de IA, reflejada en sistemas y plataformas, deben garantizar que el uso de la tecnología esté alineado con el florecimiento humano (Ríos, 2026b), en este caso más precisamente en su rol de ciudadano.

No queremos sistemas que, por diseño persuasivo, generen fatiga cognitiva o dependencia emocional, especialmente cuando interactúan con menores (Ríos, 2026f). El bienestar tampoco no se logra desconectando a estas poblaciones de riesgo, sino aprendiendo a estar conectado con responsabilidad, autocrítica y poder de discernimiento (Ríos, 2026b).

El Imperativo de la Neutralidad Tecnológica

Desde el día uno, las bases de la contratación pública deben regirse por el Principio de Oportunidad y la No Dependencia de Fabricantes (Ríos, 2013).

Es oportuno advertir que no debe existir una dependencia forzosa de proveedores específicos (*vendor lock-in*), ya que esto limita la autonomía del Estado y del ciudadano.

Toda información generada debe almacenarse en formatos estándar abiertos y certificados (Ríos, 1998). Si "secuestramos" los datos en formatos propietarios, la neutralidad es inexistente y el riesgo de perder control sobre los activos de información públicos es muy grande.

Sensibilización y Gestión del Miedo

En estos primeros 100 días, es vital desarrollar una visión pragmática de la estrategia y los proyectos. Se debe comunicar con absoluta claridad que la IA no se implementará al unísono en todos los niveles, sino allí donde se identifique valor público razonable y viabilidad técnica.

Es el momento de despejar el mito de que "los robots nos reemplazarán" y sustituirlo por la visión de una automatización armónica, donde la IA asista al trabajo humano sin deshumanizar los procesos.

Cooperación y consorcios

Latinoamérica necesita consorcios regionales para compartir recursos de supercomputación, siguiendo el modelo europeo EuroHPC u otros referentes. Ningún país de la región puede cerrar la brecha de infraestructura actuando solo. Y hoy la región carece de la capacidad para alojar completamente cualquiera de los modelos más poderosos de IA o uno propio de similares características. Sin olvidar que Internet se mueve al ritmo de los cables submarinos y ningún gobierno es dueño total de éstos, cuando no, son simples usuarios o arrendatarios.

Fase II: El Primer Año

Pasada la efervescencia inicial, el primer año es para probar y corregir. La administración pública gana madurez y credibilidad cuando muestra que experimenta con responsabilidad.

Implementación de Pilotos Ágiles

El objetivo es montar al menos dos o tres pilotos bien documentados (Martorell & Porrúa, 2026).

No buscamos “la madre de todas las reformas”, sino “victorias rápidas” que demuestren que la IA puede, por ejemplo, reducir de 90 minutos a 1 minuto la redacción de un dictamen, como ocurrió con el sistema Prometea en Argentina (Ríos, 2026d).

Los ejemplos regionales nos sirven de faro:

- **Brasil y Colombia:** Uso de IA para detectar fraudes en contrataciones públicas mediante el Proyecto Océano (Campos Ríos, 2025).
- **Chile:** Asistentes virtuales para atención ciudadana 24/7 a través de Chile Atiende (Campos Ríos, 2025).
- **Uruguay:** El modelo predictivo de UTE para distribución energética y el sistema de la ANEP para prevenir la desvinculación educativa (Ríos, 2026b).

Estos pilotos deben regirse por una metodología ágil. Ejecutar, medir los indicadores objetivos (ahorro de tiempo, satisfacción ciudadana) y, sobre todo, ajustar.

Protección de la Niñez y Adolescencia

Con lo precedentemente expuesto, llegamos a un pilar fundamental de este primer año que es la definición de políticas para la generación de IA (Ríos, 2026a). Tema desarrollado extensamente en la investigación "La otra campana"(Ríos, 2026e), que advierte, por ejemplo, contra el prohibicionismo de dispositivos en ámbitos educativos.

La prohibición absoluta anula el riesgo, pero también anula el aprendizaje de la resiliencia digital (Ríos, 2026e). Comprometiendo las capacidades precisamente de las nuevas generaciones de ciudadanos que se desarrollarán plenamente en una sociedad digitalizada.

La propuesta debe ser la mediación activa. En lugar de expulsar la tecnología del aula, debemos integrarla pedagógicamente para que el estudiante aprenda a identificar contenidos sintéticos y sesgos algorítmicos (Ríos, 2026a).

Como señala el Charter de la UNESCO/UNICEF 2026, la tecnología debe estar al servicio de la pedagogía, no al revés (Ríos, 2026a).

No se trata de "ponerse en los zapatos" de los jóvenes, ejercicio a menudo fútil para quienes no nacieron moldeados por algoritmos, sino de institucionalizar su participación en el diseño de las políticas que los afectan (Ríos, 2026a).

Fase III: Tres años de resultados

A los tres años, la política pública debe alcanzar tres resultados clave, por un lado, la institucionalización, la capacidad de escalamiento y finalmente la concreción de una evaluación.

Institucionalización y Presupuesto

La IA debe dejar de ser un conjunto de "proyectos a término" para integrarse en el organigrama público y el presupuesto nacional.

Esto exige que los sistemas de IA dejen de ser espasmos tecnológicos y pasen a formar parte de procedimientos y marcos regulatorios perpetuos.

El Giro hacia la Regulación Vertical

En esta etapa, la región debe haber aprendido del "agotamiento del enfoque horizontal" europeo (Ríos, 2026g).

El paradigma inicial de una única "Ley de IA" totalizadora está siendo sustituido por una arquitectura jurídica multicapa (Ríos, 2026g). La tendencia global en 2026 apunta a la especialización vertical. Regulaciones específicas para salud, finanzas, justicia y defensa, donde los expertos y reguladores sectoriales son los que supervisan la tecnología (Ríos, 2026g).

Volviendo al ejemplo de Uruguay, este se destaca aquí al no apresurarse con una ley ómnibus, prefiriendo fortalecer su marco de protección de datos personales y adecuando normas existentes sobre responsabilidad civil y firma electrónica (Ríos, 2026g). Sin dejar de tener presente que una Ley sobre IA pudiera ser necesaria una vez afinada esta etapa de adecuación del marco normativo existente.

No necesitamos obligatoriamente un "nuevo derecho", sino una reinterpretación de los conceptos tradicionales (autoría, daño, previsibilidad) para la era algorítmica (Ríos, 2026g).

Soberanía Tecnológica y Energía

La soberanía tecnológica es el reto final, un aspiracional plagado de errores conceptuales y metas muchas veces inalcanzables en términos reales, metas que suelen ser más políticas o ideológicas que pragmáticas.

Claro está que no es autarquía plena, sino un equilibrio estratégico bajo control específico.

Esto implica:

- **Soberanía de Datos:** Controlar que la información sensible de los ciudadanos resida en infraestructura bajo jurisdicción nacional (Martorell & Porrúa, 2026) o bien bajo plena capacidad de auditoría y en un contexto de ciberseguridad confiable.
- **La Capa Energética:** Sin energía limpia y asequible, nada en la pirámide de la industria de la IA escala. Los gobiernos deben alinear su política de IA con la política energética, previendo que el consumo de los centros de datos se duplicará para 2030 según estimaciones del BID y otros organismos internacionales.

Paradoja del Abogado Experto y el Talento

Debemos consolidar la estrategia de talentos para evitar la "paradoja del abogado experto". Si delegamos todas las tareas más generales, repetitivas, algunas con procesos laboriosos, pero sin ser complejas, a la IA, corremos el riesgo de generar profesionales que no adquieren las competencias analíticas profundas (Ríos, 2026d) al quedar excluidos de sus primeras labores, sus primeras responsabilidades y experiencias. La formación del futuro funcionario público debe desplazarse hacia la supervisión crítica de sistemas inteligentes (Ríos, 2026d), pero conservando un conjunto de tareas y actividades que sirva de punto de entrada a las nuevas generaciones.

La Mente Humana y la ética del cuidado

A pesar de que la IA ya es capaz de producir, por ejemplo, escritos procesales indistinguibles de los humanos y de predecir comportamientos con precisión estadística, existen elementos que permanecen, por ahora, inaccesibles para los algoritmos, uno de ellos son la ponderación de valores y la comprensión contextual profunda (Ríos, 2026d).

Como advierte Byung-Chul Han, una democracia que se convierte en infocracia deforma la conversación pública, priorizando lo afectivo viral sobre el razonamiento pausado (Campos Ríos, 2025).

La respuesta estatal, desde las Políticas Públicas de IA, debe ser el fomento de una Inteligencia Digital que proteja la salud mental y la identidad ciudadana frente a los diseños persuasivos que buscan convertir nuestra experiencia privada en materia prima para mercados de futuros conductuales (Ríos, 2026f).

Hacia un Estado Inteligente e Inmersivo

El futuro de la administración pública en Latinoamérica será digital y saludable, o no será (Ríos, 2026b). La clave no está en la tecnología por moda, sino en vincular su implementación de iniciativas de IA, con cadenas de valor público que fortalezcan las capacidades estatales y mejoren la calidad de vida de cada ciudadano.

Para evolucionar de ser exploradores a pioneros es fundamental tener humildad sobre nuestro conocimiento y capacidades, afrontar con valentía los desequilibrios de poder creados por las grandes tecnológicas y comprometerse firmemente a que la innovación priorice siempre al ser humano.

Despacio y a pasos seguros, pero con la firmeza de quien sabe que está a través de la IA se está construyendo la infraestructura social de las próximas generaciones.

20. Conclusiones

La implementación de IA en la administración pública exige un cambio de cultura de gobierno. Exige pasar de la improvisación tecnológica a la política de capacidades, de la compra aislada a la arquitectura institucional, de la fascinación por la novedad al valor público verificable. Latinoamérica y el Caribe tienen hoy una oportunidad concreta de hacer las cosas de otro modo.

La región cuenta con marcos conceptuales robustos, con guías internacionales maduras, con experiencias de pioneros, con estrategias nacionales recientes y con un acervo de aprendizaje que ya no permite excusas. El desafío real es sostener el esfuerzo en el tiempo, financiarlo, evaluarlo y corregirlo cuando haga falta.

Para aquellos países con cierto camino recorrido, es el momento de aprovechar la ventaja de haber avanzado en estrategias de IA y datos, así tal vez en un ecosistema institucional que puede articular gobernanza con razonable eficacia. Por otro, evitar la autocomplacencia y seguir construyendo capacidades para que la IA no sea un tema de lobby o de laboratorio sino una herramienta de gestión pública cotidiana.

Ese camino pasa por un Estado que se anime a aprender, a coordinarse mejor, a escuchar a la ciudadanía y a someter sus sistemas a revisión pública.

En ese horizonte, la IA no es un fin; es un medio para fortalecer instituciones democráticas, ampliar derechos y producir mejores políticas.

La recomendación final de este manual es sencilla, no hay que correr detrás de toda innovación, pero tampoco conviene dejar pasar la oportunidad histórica de organizarla bien.

Allí está el punto de equilibrio. En esa zona intermedia, prudente pero ambiciosa, reside la posibilidad de construir políticas públicas de inteligencia artificial que sean tecnológicamente serias, institucionalmente sólidas y socialmente justas.

Implementar políticas públicas de IA es una tarea de reforma del Estado en sentido profundo. No se trata de sumar una capa tecnológica a estructuras viejas y anquilosadas, sino de revisar procesos, capacidades, reglas y responsabilidades.

La IA puede ayudar a mejorar servicios, anticipar problemas, fortalecer controles y ampliar la proximidad entre gobierno y ciudadanía. Pero para que eso ocurra, el Estado necesita gobernanza, datos de calidad, infraestructura robusta, talento formado, mecanismos de auditoría, participación social y una ética que no se agote en enunciados.

La región dispone de experiencias, principios y estrategias, pero todavía enfrenta un déficit de implementación, coordinación y financiamiento que exige respuestas concretas.

La lección más importante es que la política de IA debe servir al bien común y no a la fascinación por la novedad. El Estado democrático no puede permitirse una IA sin control, sin explicación o sin rostro humano. Tampoco puede resignarse a quedar rezagado por miedo a innovar.

La salida razonable está en transitar en medio de una ruta compleja. Avanzar con prudencia, pero avanzar; experimentar, pero con resguardo; abrirse a la cooperación, pero preservando soberanía; automatizar, pero sin deshumanizar.

Esa es, en última instancia, la tarea política más seria de la IA pública en nuestra región: hacer que la innovación sea compatible con la justicia, la eficiencia con la dignidad y la modernización con nuestras democracias.

21. Nota final

Quien se acerca por primera vez a la política pública de IA suele imaginar, con cierta lógica, que el desafío principal está en elegir la tecnología correcta. En realidad, la dificultad mayor suele estar en construir una institucionalidad capaz de usar bien cualquier tecnología que llegue mañana.

Ese es el punto de fondo. La administración pública de Latinoamérica y el Caribe no necesita perseguir cada novedad, ni tampoco encerrarse en una defensa pasiva de lo conocido.

Necesita, sobre todo, recordar que detrás de cada sistema hay personas, datos, reglas y consecuencias.

Cuando ese recordatorio se pierde, la IA se vuelve una caja de velocidad sin dirección. Cuando se mantiene, la tecnología puede volverse una aliada poderosa para un Estado más eficaz y digno.

Por eso, el mejor consejo para un equipo de gobierno no es empezar por la herramienta, sino por el problema y por la responsabilidad.

Definir bien la necesidad, acotar el riesgo, habilitar la supervisión humana y medir el impacto real vale más que cualquier promesa de automatización total.

Si además se trabaja con transparencia, con participación y con alianzas que respeten la soberanía pública, la IA puede convertirse en una pieza valiosa de la modernización estatal.

El horizonte para la región no debería ser la imitación apresurada de los grandes centros tecnológicos, sino la construcción de una inteligencia pública propia, más modesta en el discurso, más sólida en la ejecución y más fiel al interés general.

Mauro D. Ríos

22. Referencias extendidas

- Aagesen, M., & Gasser, U. (2025). Global AI regulation trends: From horizontal to vertical frameworks. *AI Policy Review*. https://iapp.org/news/a/global-ai-law-and-policy-tracker-highlights-and-takeaways
- Adams, R., Adeleke, F., Florido, A., de Magalhães Santos, L. G., Grossman, N., Junck, L., & Stone, K. (2024). *Global index on responsible AI 2024*. Global Center on AI Governance.
- Agencia de Gobierno Electrónico y Sociedad de la Información y del Conocimiento (AGESIC). (2020). *Estrategia de inteligencia artificial para el gobierno digital*. https://www.gub.uy/agencia-gobierno-electronico-sociedad-informacion-conocimiento/comunicacion/publicaciones/estrategia-inteligencia-artificial-gobierno-digital
- Agencia de Gobierno Electrónico y Sociedad de la Información y del Conocimiento (AGESIC). (2024a). *Estrategia nacional de inteligencia artificial 2024–2030*. https://www.gub.uy/agencia-gobierno-electronico-sociedad-informacion-conocimiento/comunicacion/publicaciones/estrategia-nacional-inteligencia-artificial-2024-2030
- Agencia de Gobierno Electrónico y Sociedad de la Información y del Conocimiento (AGESIC). (2024b). *Estrategia nacional de datos del Uruguay 2030*. https://www.gub.uy/agencia-gobierno-electronico-sociedad-informacion-conocimiento/comunicacion/publicaciones/estrategia-nacional-datos-2030

- Agencia de Gobierno Electrónico y Sociedad de la Información y del Conocimiento (AGESIC). (2024c). *Ficha 25: Modelo predictivo de desvinculación educativa*. https://www.gub.uy/agencia-gobierno-electronico-sociedad-informacion-conocimiento/comunicacion/publicaciones/ficha-25-modelo-predictivo-desvinculacion-educativa
- Agencia de Gobierno Electrónico y Sociedad de la Información y del Conocimiento (AGESIC). (2025a). *Comité estratégico del sector público para la inteligencia artificial y datos*. https://www.gub.uy/agencia-gobierno-electronico-sociedad-informacion-conocimiento
- Agencia de Gobierno Electrónico y Sociedad de la Información y del Conocimiento (AGESIC). (2025b). *Estrategia nacional de ciudadanía digital: Hacia una sociedad de la información inclusiva y segura*. https://www.gub.uy/agencia-gobierno-electronico-sociedad-informacion-conocimiento
- Baker Donelson. (2026). *2026 AI legal forecast: From innovation to compliance*. https://www.bakerdonelson.com/2026-ai-legal-forecast-from-innovation-to-compliance
- Banco Interamericano de Desarrollo (BID). (2023). *Inteligencia artificial en América Latina y el Caribe: Ética, gobernanza y política*. https://publications.iadb.org/es/inteligencia-artificial-en-america-latina-y-el-caribe
- Bommasani, R., Hudson, D. A., Aditi, E., Altman, R., Arora, S., Arora, S., & Liang, P. (2022). *On the opportunities and risks of foundation models*. https://doi.org/10.48550/arXiv.2108.07258
- CAF - Banco de Desarrollo de América Latina y el Caribe. (2024). *Diseño de políticas públicas de inteligencia artificial: Desarrollo de habilitadores para su implementación en América Latina y el Caribe. Guía práctica*. https://www.caf.com

- California Law Review. (2023). Data privacy, human rights, and algorithmic opacity. *California Law Review*, *111*(3), 845–910. https://www.californialawreview.org/print/data-privacy-human-rights-and-algorithmic-opacity
- Calo, R. (2017). Artificial intelligence policy: A primer and roadmap. *UC Davis Law Review*, *51*(2), 399–435.
- Cambridge University Press. (2026). *Adaptive governance frameworks for artificial intelligence: Sector-specific approaches and horizontal regulation*.
- Campos Acuña, M. C. (2022). La tecnología al servicio de la ética pública: IA, data mining y otras disrupciones en los sistemas de integridad. *Revista Española de Control Externo*, *24*(72), 60–77.
- Campos Ríos, M. (2023). *Cadenas de valor público y ecosistema digital*. Sistema Económico Latinoamericano y del Caribe (SELA).
- Campos Ríos, M. (2025). *Inteligencia artificial y políticas públicas en América Latina y el Caribe: Experiencias y aportes para pensar una hoja de ruta regional*. Sistema Económico Latinoamericano y del Caribe (SELA) & Centro Latinoamericano de Administración para el Desarrollo (CLAD).
- Cazzaniga, M., Jaumotte, F., Li, G. L., Panton, A. J., Pizzinelli, C., Rockall, E., & Tavares, M. (2024). *Gen-AI: Artificial intelligence and the future of work*. IMF Staff Discussion Note.
- Centro Latinoamericano de Administración para el Desarrollo (CLAD). (2023). *Carta Iberoamericana de Inteligencia Artificial en la Administración Pública*. https://clad.org
- Cloud Security Alliance. (2025). *AI and privacy 2024 to 2025: Global legal developments*. https://cloudsecurityalliance.org/blog/2025/04/22/ai-and-privacy-2024-to-2025-embracing-the-future-of-global-legal-developments
- CMS Expert Guide. (2026). *AI regulation scanner: China*. https://cms.law/en/int/expert-guides/ai-regulation-scanner/china

- Comisión Económica para América Latina y el Caribe (CEPAL). (2025). *Índice Latinoamericano de Inteligencia Artificial (ILIA) 2025*. https://www.cepal.org
- Comisión Económica para América Latina y el Caribe (CEPAL). (2026). *Índice Latinoamericano de Inteligencia Artificial (ILIA) 2025: Hallazgos principales, IA aplicada y talento humano*. https://www.cepal.org
- Comisión Europea. (2024a). *AI Act enters into force*. https://digital-strategy.ec.europa.eu
- Comisión Europea. (2024b). *European competitiveness report 2024: Technology, regulation and the single market*. https://commission.europa.eu/
- Consejo de la Unión Europea. (2024a). *Artificial intelligence act: Council gives final green light to the first worldwide rules on AI*. https://www.consilium.europa.eu
- Consejo de la Unión Europea. (2024b). *Reglamento (UE) 2024/1689 del Parlamento Europeo y del Consejo por el que se establecen normas armonizadas sobre inteligencia artificial*. Diario Oficial de la Unión Europea. https://eur-lex.europa.eu
- Council of Europe. (2024). *Framework convention on artificial intelligence and human rights, democracy and the rule of law*. https://www.coe.int/en/web/artificial-intelligence/the-framework-convention-on-artificial-intelligence
- Criado, J. I. (2024). Inteligencia artificial en el sector público latinoamericano: Estudio comparado a partir de la Carta Iberoamericana de Inteligencia Artificial en la Administración Pública. *Revista del CLAD Reforma y Democracia*, *88*, 116–143. https://doi.org/10.69733/clad.ryd.n88.a387
- Cyberspace Administration of China (CAC). (2025). *Artificial intelligence safety governance framework 2.0*. https://www.cac.gov.cn/2025-09/15/c_1759653448369123.htm

- Debevoise & Plimpton. (2025). *Generative AI and copyright: Fair use, training data and the road ahead*. https://www.debevoise.com/
- Doshi-Velez, F., & Kortz, M. (2017). *Accountability of AI under the law: The role of explanation*. https://doi.org/10.2139/ssrn.3064761
- Draghi, M. (2024). *The future of European competitiveness: A competitiveness strategy for Europe*. European Commission. https://commission.europa.eu/topics/strengthening-european-competitiveness/eu-competitiveness-looking-ahead_en
- East Asia Forum. (2025). *China resets the path to comprehensive AI governance*. https://eastasiaforum.org/2025/12/25/china-resets-the-path-to-comprehensive-ai-governance/
- Epstein Becker Green. (2026). *Agentic AI's next iteration: From super-AIs to teams of specialized agents*. https://www.commerciallitigationupdate.com/
- European Parliament & Council of the European Union. (2024). *Regulation (EU) 2024/1689 (Artificial Intelligence Act)*. https://eur-lex.europa.eu/eli/reg/2024/1689/oj
- ilgueiras, F. (2021). Inteligencia artificial en la administración pública: Ambigüedad y elección de sistemas de IA y desafíos de gobernanza digital. *Revista del CLAD Reforma y Democracia*, *79*. https://doi.org/10.69733/clad.ryd.n79.a221
- FIRE – Foundation for Individual Rights and Expression. (2026). *AI and the law: Updating existing frameworks for algorithmic systems*. https://www.thefire.org/
- Future of Privacy Forum. (2025). *The state of state AI: Legislative approaches to AI in 2025*. https://fpf.org/blog/the-state-of-state-ai-legislative-approaches-to-ai-in-2025/

- Future of Privacy Forum. (2026). *AI regulation in Latin America: Overview and emerging trends*. https://fpf.org/blog/ai-regulation-in-latin-america-overview-and-emerging-trends-in-key-proposals/
- Han, B.-C. (2014). *Psicopolítica: Neoliberalismo y nuevas técnicas de poder*. Herder.
- Han, B.-C. (2022). *Infocracia: La digitalización y la crisis de la democracia*. Taurus.
- IAPP – International Association of Privacy Professionals. (2025). *Navigate 2025: Rise of AI brings novel litigation, copyright issues*. https://iapp.org/news/a/navigate-2025-rise-of-ai-brings-novel-litigation-copyright-issues
- Innerarity, D. (2024). *Inteligencia artificial y democracia*. UNESCO.
- IPWatchdog. (2025). *The IP legislation that shaped 2025 and prospects for the new year*. https://ipwatchdog.com/2025/12/29/ip-legislation-shaped-2025-prospects-new-year/
- Jones Walker LLP. (2026). *AI vendor liability squeeze: Courts expand accountability while contracts shift risk*. https://www.joneswalker.com/
- Laffier, J., Rehman, A., & Westley, M. (2025). The promise of digital wellness to promote youth well-being and healthy communities. En J. Ferreira (Ed.), *Interpersonal relationships in the contemporary 21st century society*. IntechOpen. https://doi.org/10.5772/intechopen
- Leal, C., & Ramírez, P. (2025). Regulación de inteligencia artificial en América Latina. *Revista Latinoamericana de Derecho Tecnológico*, *4*(1), 12–38.
- Marchetti, I., & Smuha, N. A. (2021). The EU Artificial Intelligence Act. *Law, Innovation and Technology*, *13*(2), 374–403. https://doi.org/10.1080/17579961.2021.1959666

- Martorell, P., & Porrúa, M. (2026). *Modelo de referencia para políticas de IA en el sector público de América Latina y el Caribe*. Banco Interamericano de Desarrollo. https://www.iadb.org
- Morgan Lewis. (2025). *The new rules of AI: A global legal overview*. https://www.morganlewis.com/pubs/2025/12/the-new-rules-of-ai-a-global-legal-overview
- * Naciones Unidas. (2024). *Governing AI for humanity: Final report*. https://www.un.org
- National Conference of State Legislatures (NCSL). (2025). *Artificial intelligence 2025 legislation*. https://www.ncsl.org/technology-and-communication/artificial-intelligence-2025-legislation
- National Institute of Standards and Technology (NIST). (2023). *Artificial intelligence risk management framework (AI RMF 1.0)*. https://doi.org/10.6028/NIST.AI.100-1
- National Institute of Standards and Technology (NIST). (2024). *AI risk management framework*. https://www.nist.gov/itl/ai-risk-management-framework
- OECD. (2025). *Governing with artificial intelligence*. https://www.oecd.org/en/publications/governing-with-artificial-intelligence_795de142-en/full-report.html
- Organización para la Cooperación y el Desarrollo Económicos (OCDE). (2024a). *Governing with artificial intelligence: Are governments ready?* OECD Artificial Intelligence Papers, No. 20. https://doi.org/10.1787
- Organización para la Cooperación y el Desarrollo Económicos (OCDE). (2024b). *OECD AI policy observatory*. https://oecd.ai/
- Organización para la Cooperación y el Desarrollo Económicos (OCDE). (2025). *Recommendation of the Council on Artificial Intelligence*.

https://legalinstruments.oecd.org/en/instruments/OECD-LEGAL-0449

- Organización para la Cooperación y el Desarrollo Económicos (OCDE) & UNESCO. (2024). *G7 toolkit for artificial intelligence in the public sector*. OECD Publishing. https://www.oecd.org
- PMC/NCBI. (2026). The pacing problem in artificial intelligence regulation. *Journal of Law and Technology*, *18*(1), 45–89. https://www.ncbi.nlm.nih.gov/
- República Oriental del Uruguay. (2023). *Ley N.º 20.212*. Diario Oficial. https://www.impo.com.uy
- Ríos, M. D. (2013). *Technological neutrality and conceptual singularity*. SSRN Electronic Journal. https://doi.org/10.2139/ssrn.2198887
- Ríos, M. D. (2025). *Ciudadanía digital: Conviviendo en un bosque de bits*. ResearchGate. https://www.researchgate.net/publication/ciudadania_digital_bosque_bits
- Ríos, M. D. (2026a). *Adolescentes en el ecosistema digital multiplataformas*. Academia.edu. https://www.academia.edu/165768685
- Ríos, M. D. (2026b). *Bienestar digital, la alfabetización y la ciudadanía*. Academia.edu. https://www.academia.edu/165723039
- Ríos, M. D. (2026c). *El giro de la jurisprudencia uruguaya en el teletrabajo*. Academia.edu. https://www.academia.edu/164819709
- Ríos, M. D. (2026d). *La inteligencia artificial y la praxis jurídica: Escritos procesales*. Academia.edu. https://www.academia.edu/165490317

- Ríos, M. D. (2026e). *La otra campana: Un análisis multidimensional sobre el impacto de la exclusión digital*. Academia.edu. https://www.academia.edu/164852442
- Ríos, M. D. (2026f). *Las redes sociales y la manipulación psicológica*. Academia.edu. https://www.academia.edu/165815799
- Ríos, M. D. (2026g). *Transición global en la gobernanza de inteligencia artificial*. ResearchGate. https://www.researchgate.net
- Salvador Serna, M. (2021). Inteligencia artificial y gobernanza de datos en las administraciones públicas: Reflexiones y evidencias para su desarrollo. *Gestión y Análisis de Políticas Públicas*, *26*, 20–32.
- Secure Privacy. (2026). *Complete GDPR compliance guide (2026-ready)*. https://secureprivacy.ai/blog/gdpr-compliance-2026
- Sierra, C., Lemus del Cueto, L., Ausín, T., Hernández Moreno, J., Cerquides Bueno, J., & Ribeiro Seijas, A. (Coords.). (2024). *Inteligencia artificial: Transformando la gestión de políticas y bienes públicos en la era digital*. CSIC.
- Slaughter and May. (2026). *AI update for 2026*. https://www.slaughterandmay.com/horizon-scanning/2026/digital/ai-update-for-2026/
- Stanford CodeX – Center for Legal Informatics. (2025). *Navigating AI vendor contracts*. https://law.stanford.edu/2025/03/21/navigating-ai-vendor-contracts-and-the-future-of-law-a-guide-for-legal-tech-innovators/
- Sterne Kessler. (2025). *AI intellectual property year in review*. https://www.sternekessler.com/news-insights/insights/2025-ai-intellectual-property-year-in-review-analysis-trends/
- Tandfonline / Taylor & Francis. (2025). Reflections on AI compliance under the EU AI Act. *Cogent Social Sciences*, *11*(1).

https://doi.org/10.1080/23311886.2025.2560654

- UNESCO. (2021). *Recomendación sobre la ética de la inteligencia artificial*. https://unesdoc.unesco.org
- UNESCO. (2022). *Recomendación sobre la ética de la inteligencia artificial*. https://unesdoc.unesco.org
- UNESCO. (2025). *Recommendation on the ethics of artificial intelligence*. https://www.unesco.org/en/artificial-intelligence/recommendation-ethics
- UNICEF. (2025). *Age restrictions alone won't keep children safe online*. https://www.unicef.org
- United Kingdom Department for Science, Innovation and Technology. (2023). *A pro-innovation approach to AI regulation*. https://www.gov.uk/government/publications/ai-regulation-a-pro-innovation-approach
- United Kingdom Department for Science, Innovation and Technology. (2025). *AI opportunities action plan*. https://www.gov.uk/government/publications/ai-opportunities-action-plan
- Wachter, S., Mittelstadt, B., & Russell, C. (2024). Why fairness cannot be automated. *Computer Law & Security Review*, *41*, 105529. https://doi.org/10.1016/j.clsr.2021.105529
- White House. (2025). *Executive order on ensuring a national policy framework for artificial intelligence*. https://www.whitehouse.gov/presidential-actions/2025/12/eliminating-state-law-obstruction-of-national-artificial-intelligence-policy/
- Zuboff, S. (2019). *The age of surveillance capitalism: The fight for a human future at the new frontier of power*. PublicAffairs.

www.ingramcontent.com/pod-product-compliance
Lightning Source LLC
LaVergne TN
LVHW050751051026
849532LV00008B/2826
9789915441146